神代秘史百話

酒井勝軍

가미포노상나시

神州唱歌

酒井勝軍

◇月章◇

雲井《くもゐ》はるかに靈光《れいくわう》薫《くん》じ、
『醒《さ》めよ醒《さ》めよ瑞穂《みづほ》の國《くに》よ、
民《たみ》に朽《く》ちざる力《ちから》あり。
迷雲《めいうん》萬朶《ばんだ》襲《おそ》ふとも

天籟《てんらい》ひゞき不滅《ふめつ》の聲《こゑ》す
さめて爾《なんぢ》の力《ちから》を衣《き》よ』と、
國《くに》に死《し》なざる命《いのち》あり。
月《つき》の鏡《かゞみ》に曇《くも》りなし。

◇日章◇

活《い》きよ我民《わがたみ》、力《ちから》に活《い》きよ。
赤裸《せきら》一貫《くわん》天《あま》の岩門《いはと》を、
天照《あまて》らす神宣給《かみのたま》はく
神政復古《しんせいふつこ》の鴻業《かうげふ》を

進《すゝ》め我國命《わがくにいのち》に進《すゝ》め。
開《ひら》きて解《と》けよ世界《せかい》の謎《なぞ》を。
『日出《ひい》づる國《くに》の君起《きみた》ちて
天《てん》に成《な》るごと地《ち》に成《な》さん

神代秘史百話

目次

目次終

神代秘史百話

酒井勝軍述

○、序説

「神武以前は漠として稽ふべからず」と專門家さへ匙を投げて居る我日本の神代當時は果して雲で暈さねばならぬほど曖昧であつたらうかといふ疑問は誰にでも起ることではあるが、僅に三千年前の歷史が何故に斯くの如く不明瞭であるかといふに、專門家は異口同音に夫れは國家がマダ無かつた爲めに外ならないと言ふのである。

然らば我建國者は文字をも有たなかつた蠻族であつたかといふに、如何に考へても然りとは言ひ得ないばかりでなく、甚だ優秀なる文化民族であつたやうに窺はれるのである。とはいへ神武當時の國史すら極めて不十分であつて、之がために崇神天皇の頃までの歷史は日本內地の事實では無いと斷定する學者も現はれ、又神武紀元には七百二十年の違算があると公言する學者も起つたので、考へれば考へるほど日本の上古史は大きな謎といはねばならぬ。

而も此日本は今日世界無二の長壽國であるばかりでなく、亦最も若々しい元氣に溢れて居る國で、天壤無窮の神勅が其の通りに實現されつゝあるのは如何にも奇妙である。殊に六十年前の王政復古の如きは奇蹟中の奇蹟で、彼の猶太人が二千六百年後に祖國を復興をしたのと相比すべき神秘事實である。

而して此不完全極まる國史を冷やかに讀み去ると何もかも疑はしくなつて來て、自然に大和民族の自信を喪ふやうになるが、若し神洲天子國の臣民てふ國家信仰の眼を披いて國史を達觀すると、神智靈覺が自から湧き出でゝ朝日直刺す國、夕日照る國の面影が髣髴として浮び、思はず襟を正して『君が代』を高唱するであらう。

ところで外國人は日本の風光に憧れて居るやうに、又日本國の國體に對して不可解の敬意を表して居るのは事實であるから、觀光局も必要ではあらうが、それよりも急に神祇局を復興して神洲天子國の所以を中外に宣明すべきである。

然るに茲に驚くべき事が突發した。それは神武當時は愚か、幾十萬年前の神代史が手に取るやうに明かに窺はるゝ偉大なる文書及器物が殆んど完全に發見された事である。

而して此發見は萬國史上未曾有の大發見であつて、僅かに七千年前のスメルアカド時代の斷片的石碑の發掘にすら驚喜して居る歐米の考古學者に見せたなら、正に頓死するほどの偉大且貴重なるものである。

そこで一日も早く之を世界的に發表せねばならぬが、其整理に少くも二年を要し、目下極力準備を進めて居る。而も差支なき部分は公表する必要があるので、過般『モーセの裏十誡』を發行し更に此度本書を上梓することにしたのである。

ところで、讀者第一の疑問は、斯る秘史が何故に今日まで何人にも知られずに隱匿されてあつたかであるが。元來國史は國の系譜であるから、神代當時は皇太神宮の神寶として奉安されたもので、天皇及神主の外は絕對に之を拔くことは禁じられてあつた。

然るに支那文化渡來及佛敎傳來の結果として支那文化中毒者や佛敎心醉の徒等が不逞にも國史湮滅運動を起したために、畏れ多くも皇太神宮の神寶保護に非常なる危險を感ずるやうになつたのである。

そこで棟梁《とうりやう》の臣竹内宿禰の正孫平群《へぐり》眞鳥《まとり》は豫め此大國難を未發に防がんと志し、仁賢天皇に代つて皇祚を嗣がるべき皇太子擁立に當り、彼は斯る大業は須らく武勇剛邁の天皇に待たざるべからずとなし、小泊瀨稚鷦鷯命を擁立せんとしたところが、大衆は日本の支那化及佛敎化の魂膽からして猛烈に反對したのであつた。而も彼は三度も自說を主張し遂に之を遂行せしめた。

後四年、皇太子即位せられ、眞鳥を召して立太子事件の眞相を語れと仰せられ、彼れ有りのまゝを言上するや、何故にや天皇の逆鱗に觸れ即座に御手討といふことになつた。

歷史に曰く、平群眞鳥反し誅に伏す。

然るに事實はソンナものではなかつた。彼は御手討といふ事で內苑に廻されたが、天皇は、神寶を擁護するもの汝の外になし、速かに退いて太神宮を死守せよとの有り難き勅命を戴き、夜半墓場より去つて越中に落ち延びたのである。

然るに支那化し佛教化した不逞史家等は此神明果斷の天皇を暴虐の君と稱へた。而も武烈天皇は史上傳へられたやうな暴君ではなく、實に右の如き明君であらせられたのである。

而して皇太神宮に奉安された神代の神寶は全部竹内家の忠良が代々之を守護し、三十餘の犧牲を捧げて一千四百年間遂に之を死守し得たといふ事は全く天佑と謂はねばならぬ。

本書は右神寶中より摘錄したもので、極めて斷片的のものではあるが、內には紊亂せる國民思想に歸一の燈明たらしめたく、外には混沌たる國際觀念を統一する太陽たらしめたく、玆に竹內巨麿氏の允許を得て上梓した次第である。

原文は凡て神代文字で認められて居るが、平群眞鳥の譯文が添付されてあるので、余は便宜上譯文に據つた。併し原文との照合を完成した上で更に詳細なる發表をなす考である。

然るに茲に奇怪極まる事がある。それは國體擁護上國史を死守せねばならぬ筈の官祿學者が、不思議にも國史湮滅運動に耽溺して居る事で、名を研究に藉りて巧妙なる國體破壞を敢えてし居るので、斯くも驚くべき神代秘史が發見されたならば、其眞僞を疑ふよりも、何事を措いても先づ自ら拜觀を冀ふべきであるのに、彼等未だ一人も拜観せしものなきのみならず、神代文字は後世の戯作なり故に神代文字の文書は一顧の値なしとの理由を以て公然此神代秘史を否認して居るのである。

建國者を南洋の蠻族と同様に心得て居る化石學者や、神武以前に國字が無かつたなどゝ考ふるほど國家信仰の消失した不逞學者等は何を囈語しやうと彼等の勝手であるが、僅かに一千年内外の骨董品保存などには馬鹿々々しいほど熱狂して居りながら、神代當時からの神寶であつた神代秘史に對しては、之を一度も拜観せずして、僞物見るに足らず直ちに燒却すべしとさへ放言した博士が居るが、余は斯る非國民を相手に神代秘史を論ずる者ではない。

唯、我國にモ少し徹底した國史が欲しい、モ少し祖先の身元を鮮明にしたいと熱望する國士國女の赤誠に向つて謹んで本書を提供するのである。

復興紀元二千五百九十年冬十二月

一、不思議な國語

オトウサンをパパと云はせ、オカアサンをママといはせて、折角大和民族の後裔として生れた子女を、精神的に雜種兒として成長せしめつつある現代の日本人に御注意したい。

我々が日常使ふてゐる言語は、神代當時の國語から見れば非常に俗化されては居るが、それでも日本語はご發達した言語は地上絶無であることが見出される。従つて日本語は世界無比の優秀語であることが事實である。

而して言語の發達は文化の進歩と正しく並行すべきものである以上、日本人は最も進歩した文化民であらねばならぬのに、今日の日本人に此尊い自覺自信が缺けて居るのは、今日の所謂文化は虚僞的のものであるからである。

キリストは神の言の葉の人と呼ばれたが、彼には邪思濁想といふものが無かつた如く、我日本は神の言の葉の國と呼ばれて居つて、其國語には一の邪音も一の濁音も無かつたのである。

即ち純正のヤマトコトバには濁音といふものが無いのである、そして濁音を使用せぬ國民には邪思濁想の存在が不可能である。そこで敎育の第一歩は言語の匡正であらねばならぬ。

試みに濁音の多い言語と、濁音の少い言語とを使用する甲乙兩國民の性格を冷靜に考察すると、「甲は乙よりも必ず下劣であることが發見される。だから『天國の用語は音樂なり』といふた宗敎家もあるので、實は我日本は神代當時はアマツクニ即ち天國と呼びもし又呼ばれもして居つたので、其の當時の國語には濁音が無かつたのである。それだけ彼等の思想が亦淨化されて居つたのである。例へば一から十までの數字を現代の各國語で讀んで見ると、濁音の無いのは獨り日本のヒフミヨイムナヤコトだけである。

否、數字だけではない、日本語ほど多くの字母を有つたものはないが、その五十の字母は悉く一字一音で、一つの濁音もない。世界何處の國民が五十の字母を自由に完全に發音しうるか。

それに日本語は原則として清音で始まり必ず母音で終つて居る。然るに外國語殊に英語の如きは大部分子音で終つて居るので、日本語はテオクラシイ（神政）主義、英語はデモクラシイ（民政）主義となつて居る。即ち日本語は神より出で本に復へる語であり思想であるが、英語はすべて自己本位の個人主義で綴られて居る。

そこで純日本國民の正教育は、ヤマトコトバの復活に待たねばならぬ。清音で始まり母音で終る美しい言葉、それが我々の祖先の言葉であつた。そして又我等の言葉であらねばならぬ。

二、神秘的數字

ヘブライ語には數字といふものがないので、アルフアベットの最初の十文字を一二三に當てはめ、次の文字を百千萬等に假用して居るから、ユダヤの時計には數字の代りに此等の文字が記されてある。

ところが我神代に於ても五十音字の最初の十音字を以て一から十の數に代用して居つたのであるが、然らば當時數字は無かつたかといふに、立派な敷字が有つたばかりでなく、今日の支那數字は無論の事、アラビヤ數字もローマ數字も、實は皆我日本から學んだものであつた。

併し一二三の數字は別に深い意味を有たぬが、ヒフミヨイムナヤコトの數字は實に神秘味津々たるものがあつて、正に萬國無比の數字である。

ヒフミヨイムナヤコトモチロラネシキルユヰツワヌソヲタハクメカウオエニサリヘテノマスアセヱホレケ

右は當時の五十音を丁度今日のイロハのやうに歌の形に綴つたものであるから、全體として一の完全な詩想を示して居るので、之を切り離しては獨立した意義を缺くことなる。

ヒフミヨイムナヤコトモチロ

一二三四五六七八九十百千萬

併し當時の數字は今日の活字では書くわけに行かず、又一々新らしく鑄造するわけにも行かぬので、殘念ながら説明だけを試みる、ヒは日で太陽を象形し、十六光條を放つて居る。之は太陽でもあるが絶對を示したもので、即ち神又は天皇にも之を用ひてゐる。

そして數の始めは一で、終りは十であるが、絶對の神又は天皇で始まつて、完全無缺の民衆で終つて居ることを示して居るから、試みに一と十とを合せて讀むとヒトとなる。

即ちヒトは人で、神の民といふ義で、言ひ換へると天孫民族といふことであるから、天孫民族のみがヒトと呼ばるべきもので天孫民族以外の民衆即ち神又は天皇に直屬しない、即ち王に屬する人々は王の民であるからオトと呼ばるべきものである。

故にオト（乙又は弟）はヒトより一段下つたものとなるが、今は誤られて一般に猫も杓子も人と呼ばれて居る。そしてトの字は六光條を放つ星で、即ちユダヤの國章であるが、之はユダヤばかりでなく、日本には太古からあつたもので、神社には何處にでも見受けられるのは其の爲である。

而もユダヤ人の事をジウといふがジウは何國の國語でもないから、猶太人すらも其字義は知らないのである。ところが之は日本語で、即ちジウ（十）である。

三、面白い國字

苟くも世界の大舞臺で列强の一に數へられる國ならば、必ず其の國固有の國字といふものを有つて居る筈である。否、國字を有つて居らぬ國なら强國として隆昌し得る筈はないのである。然るに何事ぞ、今日土付かずの國威を輝かして、世界大切の舞臺に主役を演ずべく勝ち殘つた國は東に日本あり、西に米國あるのみであるが、奇妙にも此二國には固有の國字といふものがない。

最近米國には米語といふものが可なりに其の數を增ては居るが、元來が英語を使用して居る關係上、米語が有つて米字といふものは無い。それから又我日本に於ては萬國最古の國であるに係はらずドウいふものか國字といふものが無い。米國の如き百五十年未滿の移民國に國字が無いことは少しも怪しむに足らぬが、建國正に二千六百年、而も天壤無窮の神勅の上に國礎が奠められ、萬邦無比の國體を保つて居る日本に國字は無いとはドウしても信じ得られぬことであるが、今日迄の學者の多數、絕對多數說では日本に國字なしと決定され、甚しきは國字抹殺論を唱へて學位を貰つた人もあるといふ話であるが、何と情ない事ではあるまいか。

此分では親を撲り飛ばした腕力家が○○省から體育奬勵で表彰される事になるかも知れぬが、然らば果して日本に國字は無かつたかといふに、曰く立派な國字が有つたのである。イヤ有つたばかりではない。世界萬國の國字は悉く日本から學び得たものであることが分つたのである。

國字に關しては別に述べるが今日何故に日本人は漢字を使用し、又漢字崩しの假名を使用して居るのかについては、當の學者が何とも怪んで居らないので一般人も之を問題にもして居ない。併し考へて見ると國民としては餘りに無頓着の事である。それにヤマトコトバといふ天降りの美しい淸い尊い言語を使用して居りながら。國字が無いとは誰が信じうるか。況んや八雲歌の如き歌や祝詞の如き文さへ見事に發達して居つたのに文字が無かつたと思ふが如きは狂氣の沙汰といはねばならぬ。一體今の新しい學者等は歐米文化の見地に立ち、又古い學者は支那文化の見地に立つて居るので、國民が死守せねばならぬ國家信仰といふものを沒却して居るから神代史が讀めないのである。記紀は殘念ながら甚だ不完全な文獻である。併し信仰があれば蜃氣樓位に神代當時を讀みうるのであるが、彼等は舶來科學眼又は唐製文化眼で錯視して居るから分らう筈はない。

四、神韻ある象形文字

文字の起原は何處であらうと最初の文字は所謂書字であつたことは勿論であるが、

書字が少しく進化して象形文字となつたもので、象形文字の內で最も進步したものが我神代に使用されたのである。活字が無いために殘念ながら其文字を示すわけには行かないが、之は單に森羅萬象を字化したばかりでなく、丁度今のイロハのやうに一つの歌に配列されて四十七の字母となつて居る。

ヒフミヨイムナヤコトモチロラネシキルユヰツワヌソヲタハクメカウオエニサリヘテノマスアセヱホレケ

そして外國のアルフアベットは數に於ても遙かに少いばかりでなく、日本の字母には一つも濁音がない。又我は一字一音であるが、彼は一字一音のものは一つもないといふて差支へなく皆一字數音であるから、すべてに於て我に比し甚だしく劣等である。

エヂプトの象形文字はマダ十分に書字の域を脫して居らず、漢字は之に反して非常に進化したものではあるが、餘りに進み過ぎたゝめに、文字其の者を一種の繪畫の如くに取扱つた結果本來の字母は其の影を失ひ、觀賞用としては大に面白いが、實用上著るしく不便を感ずるやうになつたのである。

然るに我象形文字は何處までも字母の用を保つて進化した。それが今日の片假名である。そして此片假名は實は象形文字の進化であるから形假名と書くべきものを、支那文化禮讃の徒がカタカナを以て漢字を崩したものゝ如くに宣傳するために片假名と曲筆したものである。

尤も現行カタカナの内には十七字ほど漢字を崩したものがまじつてゐることは事實で、之は必要上の改正でなく、唯五十音は漢字を崩して作られたものなりとの惡宣傳をするために强ひて取換たものであつて改正ではなく正に改惡である。

而して此五十音はこと〴〵く象形文字ではあるが、アイウエオの五母音は、何れも其の發音に關係ある口の形に則つたもので、神の靈氣が人の思想に變るべき最初及最善の形式を示したものである。

それから此象形五十音が今日の形假名となつたのであるが五十音の現行配列は之は此象形文字に屬したものではなく。アヒル文字の制定に由つて此記列が出來たものであることは次に述べる。

五、美妙なるアヒル文字

日本の國字は象形文字ばかりでなく、又別にアヒル文字といふのがある。アヒル文字といふは日光の作用から割り出した父音に象形文字の母音を少しく改作したものを配し、完全なる五十音を作り出したのである。

但ウとワ行の第三字と同一でイとエはヤ行の第二字及第四字と同一であるから實際は四十七字である。

そしてアヒル文字は四十七字とも必ず父母兩音の合體であつて、一字毎に陰陽の合致を現し父音は左に母音は右になつて居るが、アイウエオの五母音は父音の代りに象形文字の母音即ち口形、言ひ換れば神の靈氣を形にしたものを用ひて居る。

又此讀み方は今日の形假名アイウエオと同じであるが、其書き方は朝鮮の諺字に能く似て居るばかりでなく、中には全く同じきものもあるので、それは諺字から來たものであらうと速斷する人もあるが豈に圖らんや、諺字こそ此アヒル文字から出たものである。併し諺字は種々に其の形をかへるが、アヒル文字は決して其の形に變化を許さない。

であるから此アヒル文字が復興するやうになれば、漢字制限もローマ字採用も必要が無くなると共に、若しタイプライターに利用すると、何國の文字よりも遙かに超越した能率を發揮するのである。そして形假名のタイプライターと比しても三倍の能率を高めうるのである。何故かといふに、アヒル四十七文字は二字音の組合せ文字であるから、五個の母音と十個の父音があれば自由自在に如何なる文字でも印字することが出來るからである。

これほど簡單で、これほど正確で、これほど完備した國字は何處にも無い。そこで予は國字復興の意味で此二種の神代文字即ち日本の國字使用を奬勵して居る。

そこでアイウエオは象形文字の形假名であるから、之を假名として使用し、漢字の代りにアヒル文字を用ひたならば、非常に面白いものになるだらうと信じて居る。

兎に角アヒル文字は美妙を極めたものであつて、之と比べればアルフアベットの如きは甚だ劣等なものといひうる。而も最も完全でありながら最も便利なもので、又最も學び易きものであるから奇妙である。

傳ふるところによると此四十七音字は天御中主神の御代に天日豊本アヒル文神の作られしものであるから、之をアヒル文字といふたので、對馬のト部阿比留家に傳はつて居つたためにアヒルの名を附けたものではない、寧ろアヒル文字秘藏の理由で阿比留家と呼んだものであらう。

本書の表紙の金文字はアヒル文字でカミヨノハナシと讀む。

六、高遠なる元始神

わが日本史は天御中主神を以て元始神となし、萬國史はエホバを以て元始神となし來つたが、我等の秘史を繙くと、エホバは天御中主神よりも二代前の神であり、エホバよりもマダ八代前に絶對の元始神が在さることが分つたのである。

此元始神は一名ナンムアーミンと呼びまつらるる神で、ナンムは元無極の意、アーミンは天地人の義であるから元始神として眞に適はしい名である。

そして此ナンムはノンム又はノンノと轉訛したので、今でも月のことをノノ樣と言ふて居るが、何人も興味を起さずに居られぬことは、ナンムは佛敎徒に使用せられ、アーミンは猶太敎徒、キリスト敎徒及回敎徒に使用せられて居ることである。

佛敎徒に聞けば南無は梵語であるといひ、猶太敎徒に聞けばアーミンは希伯來語であるといふが、佛敎は勿論の事、猶太敎がマダ發祥しなかつた幾十萬年の太古に於て已に此固有名稱が有つたとすれば、右の樣な語原說は一顧の値も無いといはねばならぬ。即ち之は梵語でも希伯來語でもなく、正に日本語であつたのである。そして何が故に念佛や題目に南無が付けてあるかといふに所謂開祖と仰がるゝ名僧智識が此神代秘史を探つた結果と見るべきで、此邊の消息は別に述べるつもりである。

又アーミンが猶基回の三敎徒に唱へられて居るのはユダヤ敎の開祖が日本に渡り來つて學びたるもので、之は拙著『モーゼの裏十誡』を御覽になれば明かである。現にキリスト降誕の夜の天軍の大合唱は『いと高きところは榮光神にあれ、地には平安人には恩澤あれ』であつて即ち天地人を歌ふたアーミンの歌であつた。

それに日本の神名又は神事に天（アメノ）といふ冠詞を附けるが、之は明らかにアーミンの轉訛で、唯天といふことでなく天地人全體を言ひ現はしたものであるふ。言ふまでもなく此元始神は今日の所謂世界開闢以前の神であるから、此名稱は勿論後世人に由りて捧けられたものである。併し後世人と言ふてもアダム・イブが生れない前の事と思はねばならぬ。序に言ふておくがアダム・イブは天御中主神時代の人である。彼は人間の始祖と呼ばれて居るけれども實は赤色人種の始祖で一般人類の始祖ではない。

それから此元始神は勿論日本一國の元始神でなく世界の元始神であるから、天御中主神もエホバも皆此一元から現はれた神で、又同一系であるが面白い。

七、偉大なる太陽神

太陽神は元始神第七代の神で、天御光太陽貴王日大御神と崇められ又日球男神天照日神、天地照日神とも稱へられ、內宮の祭神として萬古に祀らるる神である。

太陽といへば灼けた鐵球位に考へて極めて無頓着に取扱つて居るのは今日の科學中毒者の惡癖であるが、無論物體には相違はないけれども、天皇を一般人類學を以て云々することの非である如くに、太陽を木石同樣物體視し去るは亦非である。

そこで太陽を神とし崇拜することは固より當然の事で、太古の民族は一般に太陽崇拜者であつて、今日も尙其の風が遺つて居るばかりでなく、太陽崇拜は人間最高最大の奉仕であるといふ氣分が著しく濃厚になつて來た。

勿論親も人間であるから人間として之を研究することが出來るものの、徹底した親の研究は自分が親になつて始めて成就されると同樣、太陽は物體ではあるが何というても森羅萬象の生命であるから望遠鏡や數字で之を研究しうるものではないが、此太陽と親族關係が出來たとすればドウであらう。

然るに我古文書では太陽を天空の一物體とせず、常に地球を照覽せらるる大御神と崇め、元始神より發揚せる萬世一系の第七代神として仰ぐのである。

今日の科學中毒者は、否文化宗教家は、太陽崇拜を以て最も幼稚な宗教の如く嘲笑して居るが、地上の所謂既成宗教の教典全部を積み重ねたとて、其の天地人に貢獻するカロリ量は太陽が放射する一時間の量にも及ばないではないか。

煎じつめると人間界の宗教なるものは一の高級な道樂で、決して絕對に必要缺くべからざるものではない。然るに太陽は一瞬時も缺くべからざるもので、感謝は何よりも先きに太陽へ捧げらるべきである。

此太陽を祖神として地上に生存する民族は幸福此上なきものであるが、單に太陽を崇拜するといふだけなら全世界に其の慣習が見聞されるけれども、我民族の太陽觀は一種獨得のもので鮮かに次の如き信仰的血脈を有して居るのである。

元始神――太陽――天皇――親――自我

であるから之は我大和民族の系圖であつて、後世人の築き上げた宗教でないから、我等の信仰は神としての太陽、王としての太陽、親としての太陽の外に對照物が無いのである。そして之で十二分で此外に何宗教にも歸依すべき必要がないのである。

見よ、建國者は此信仰の上に活動したではないか。當時地上の何處に現行宗教が存在して居つたか。眞の文化は須らく神代の公道に復歸する事である。

八、地上の太陽國

此偉大なる太陽神が王者として地上に其政治を敷かるることが出來るならドンナに幸福であらう。

神意の天に行はるる如く地にも現はるるてふ理想は果して實現出來るであらうか。之は今日の各宗教が一大トラストを造つたとて斷じて出來得ないものではあるが、神は已に遠く此計畫を實施せられて、我等の地球上に太陽國が實現されたのである。言ふまでもなく其は日本である。

古事記に所謂『朝日直刺す國夕日照る國』とはこの日本でヘブライ聖典に所謂『シオン國』も亦此日本を指したものである。

論より證據、之を過去の歴史に徴すると、我日本は東西南北天地何處から見ても太陽國としての素質を發揮して居るので、國は日の本の國として中外に輝き、之を統治する天皇は日の御子として萬古に仰がれ、萬世一系は太陽神との關係を明らかにし、其の御紋章は全世界を統治するの意義で十六方に光く太陽を以てし、國は極東に位するから毎朝太陽の初光線を眞先に浴び、其の國威は恰も太陽の昇るが如くであつて、決して侵略的膨脹の曲癖がない。

加之、神代當時に於ては日本は太陽の如く萬邦萬民に君臨し、歴代の天皇は其即位式に當り必ず世界統治の大使命を宣示せられたので、其の劍には世界の略圖其他が刻まれて居るばかりでなく、當時已に日章旗が飜へされ、天皇は一度は必ず萬國巡幸せられ、又萬國の代表者は來朝參賀したので、彼等は日本に來ることを天に行くといふた。そして日本はアマツクニと呼ばれて居つた。

然るに古事記や日本書紀では此邊の消息が更に分らず、分つて居るところはすべて神話式のものに取扱はれ、又日本の學者が日本の神代を以て石器時代程度に臆測妄斷するので、當時の文化がドンナであつたかは少しも知るところが無い。尤も研究史料がないから已むを得ないともいはれるが、要するに彼等は國家信仰眼で有史以前を達觀することが出來ないのである。

御紋章は傳敎大師が考案し、イロハは弘法大師が創作し、日本主義は日蓮上人が主唱し、國旗は六十年前に制定され、文化は支那より渡り民衆は外國より漂著したといふやうな不見識極まる大錯覺に陥つて居るから世界を照らすべき日の國が、醜くも星の旗風に飜弄されて居るのである。

ところが太陽は一視同仁とは云へ、地球は丸いから、地球の半面が太陽に背くことになる。そして不思議にも地球上の萬國で、同じ太陽を同じ日に共に仰ぎ見ることの出來ない國が唯一つある。偶然にもその國は星の國と呼ばれて居る。何故に然るか、之は太陽國民の大に考ふべき事ではあるまいか。

九、地上の月世界

萬物の本元は太陽であらねばならぬ如くに、地球上の萬國の本元は太陽國であるべきことは何人も否むべからざる事とすれば、我日本は世界萬邦の母國であらねばならぬ。

而して太陽ありて月始めて現はるると同樣に、日本ありて萬邦始めて起つたのである。アノ月の美しく淸い光りは、月自身で發するものでなく、太陽の光りを受けて玲瓏たるのであるが萬邦萬民は太陽の一視同仁的に光明を接けて燦爛たる文化を輻射するものであるから、自主國であり自發國であるのは古今東西唯日本一國あるのみで、其の他の國々は如何に强大であつても悉く受動的のものであることを忘れてはならぬ。であるから此受動國、即ち日本以外の萬國は、太陽國に對する太陰國であるから、一名之を月世界といふてよろしい。

古事記を見ると日の國、月の國とあるのは即ち此事を指したもので、領域の大小に由つたものでなく、天に直屬する自發自動の生命を有するものを日の國といひ、日の國に隷屬する他發他動の生存を爲すものを月の國といふのである。

であるから實際に於て太陽は月の四百倍位大きいが、地上の太陽國は小さい一部で指し、太陰國は大きい殘部を指すことになる。而も日の國を統治することは即ち全世界を統治することになるので、月の國の統治を命ぜられた素盞嗚尊が一種の叛旗を飜へしたのである、何となれば彼は男性なるの故を以て日の國を治むるを當然なりと思はれて居つたからである、そして月の國の王となれば日の國の天皇即ち姉尊の命令を受けねばならぬからである。

天に二日なく、地に二王なし併し自國を日の世界と呼び、外國を月の世界と呼ぶことは、ズメルアカドやエヂプトやイスラエル其の他にもあり、又支那が中國或は中華と呼ぶのも此思想の流れを受けたものであるが元祖は一軒で、本家は二軒あるわけがなく、事實上、日本のみが太陽國である。然らば他の萬國は之を月の世界と總稱すべきで、太陽の國が輝けば月の世界も輝くが如く、日本が赤裸々に其の本來の國威を八紘に放つならば、世界萬邦及億兆の民は自づから其の皇恩に沐浴するのである。

然るに今の政治家には此見識がない。そして無意義な國際主義に脅かされて此大使命を座忘してゐる。

太陽は昇らないが、地球は其光明を浴びんがために回轉する。日本は侵略を要せぬ併し萬國萬民は自ら來つて皇恩を仰ぎ求めるのである。之を解せずして國際を云々するは太陽國の政治家たる素質が全然缺けた者であらねばならぬ。

十、内宮と外宮

日と月との關係から日の國を内國、月の國を外國と呼ぶやうになるのが自然の理で、内外又は中外の觀念が生じて來る。古事記にある中津國といふのは此内國で黄泉國又はヨモツクニといふのは外國の事である。

從つて統治上の機關が二樣にならざるを得ないから、内務と外務の二機關が必要である。そして本來の政治は今日のやうな俗惡なデモクラシイでないから政治は經濟であるとか又は力であるとかいふやうな馬鹿々々しい囈語が聞えないで、政治の大本は神祇の崇敬にありとし、テオクラシイ即ち神主政治を讃美したので、祭政自づから一致し萬機自づから公論に則ることとならざるを得ないために、神宮が最高政治機斷であつた。

そこで內宮と外宮とが設けられたので內宮は內國即ち日本の政廳、外宮は外邦即ち萬國の政廳といふことになるから、內宮の千木は天に向ひ天即ち太陽神に直屬するを示し外宮の千木は外方に向ひ以て地上の太陽國に隷屬するを示して居る。

これやこの天照神の天地をまもるしるしの千木のかたそき　（度會常昌）

かたそきの千木の內外はかはれども誓はおなじ伊勢の神かぜ　（度會朝棟）

されば此內宮は棟梁皇祖皇太神宮と呼ばれ、又外宮は五色商運明神と呼ばるるやうになつた。棟梁といふのは本家本元の事で五色といふのは五色人即ち萬國萬民の事である。

然るに此高速なる意義を有する千木を以て、所謂學者は蠻族が造れる天幕小屋の遺風であると妄斷して平氣で居る。

此內宮と外宮の祭神につきては次に述べるが、神代當時內外の崇敬此上なく萬國よりの參拜者引きも切らぬ有樣で、憧憬の餘り歸國を欲せず日本に永住した者も少くなかつた。

ところで其場所は何處であつたかといふは、天越根國（アメノコシネノクニ）即ち今日の越中の國であつた。尤も今日の越中とは地形も氣候も非常に異なつて居つたので、其當時はアノ方面は實に日本文化の中心であつた。否、世界文化の淵源であつたのである。

であるから此兩宮の存在は、神勅を奉じて世界萬國萬民の統治することを事實に示したもので、殘念ながら今日の外宮には此意義が實現されて居らぬ。併し遠からぬ未來に於て必ずや外宮の外宮たる所以が明かに示さるることと信ずる。而して同時に日本が世界統治に向つて日天月天の錦旗を神風に飜へすことと信ずる。

十一、內兩宮の祭神

然らば內外兩宮の祭神如何は極めて興味多き問題となつて來るが、之は別に文獻を探さなくとも國民常識で直に自答が出來ようと思ふ。即は內宮は日の神外宮は月の神を祀つて居つたものである。

日の神は巳に述べたごとく天御光太陽貴王日大御神で男性、又月の神は天御光太陰貴王女大神で女性である。之は天地陰陽の原則に一致したことで、固より然かあるべきことであるが、申すまでもなく天照皇太神は女神であらせられ、日の國を治めたまふた御使命上内宮に奉齋せられたのであるが、内宮の主神なる太陽神とは全く別神であらせられたにかかはらず、後世之を誤り傳へたものである。

即ち從來の日本の國史には太陽神を萬世一系の御歴代に見出すことは出來ない。併し太陽神は日本の國祖神に在されるので、有史以前内地到るところで奉齋されておつたが、支那文化及佛敎渡來後、正史は湮滅に歸し、辛うじて世に現はれた古事記の如きも、天御中主神以前については何等の暗示を與へて居らぬ。であるから太陽神を祭つた傳統的信仰眼で古事記に照らし合せて見ると、天照皇太神の外に太陽神らしく仰がるべき神名が見出されないのみならず、現に高天原即ち日の國を治めたまふた關係で天照皇太神を太陽神と同一神なりと考へたのである。

ところが全く別神で、天照皇太神は勿論太陽神（一名天照日神）の御直系で入らせられるけれども、太陽神は天御中主神よりも四代前の神にあらせられることは正史で明かである。併し事は天御中主神以前に屬するから從來の國史では分らぬ。

であるから本來內宮の祭神は天照日神で、卽ち皇祖皇太神宮として奉齋され、天疎日向津比賣卽ち天照皇太神が躬親ら祭主となつて祭祀を行はれたのであるから、此兩神を同一神宮に齋きまつることは少しも差支へはないが、同一神なりと思ひ誤るといふと太陽神を女性の如くに誤解するばかりでなく、中には此錯覺からして日本は女尊男卑の國なりなど妄論する者さへ現はれ、婦人參政權を强請する連中に此錯覺を頭腦に深く刻んで居る者も少くない樣である。

然らば何故に女性の天照皇太神が日の國を始め、男性の月讀命及素盞嗚尊が夜の國又は海の國を治めらるることになつたか之は順を追うて後に述べることにする。

十二、五色人の祖

人間の種別を亞細亞人であるの、歐羅巴人であるのと地方別にすることは甚だ幼稚な方法で又不完全な研究であるが、太古に於ては色別にして居つたから、五色人と云へば萬國民といふことになつて居つた。

今でも黄色人とか白色人とかの區別はして居るが、太古では黄黒赤白青の五色に大別し、其系統が極めて明白に示されてあつた。

そして神代秘史に由ると我々日本人の屬する黄人の祖は、畏くも天御中主神の父神である天日豐本黄人皇主神で、チユウランヤは黒人の祖、アダムイブヒは歐羅巴赤人の祖、ニニンユイタムは濠洲赤人の祖、バンコクムスは亞細亞白人の祖、アンナムノパノイは亞細亞青人の祖、イソムは南米赤人の祖、アルヘナは南米黄人の祖、ヒロコネは北米黄人の祖となつて居るのであるから、アダムイブを世界人類の始祖とした從來の學說は覆へされて僅かに六七千年前を以て開闢と思ふた從來の萬國史は全く打破せらるることになる。

そして此五色人の總代等は常時天津國と稱せられた我日本に來朝して、參拜怠らなかつたので、神宮の祭祀を始め主要儀式には必ず五色の旗とか、幕とか布とかを以て装飾し、萬國萬民奉賀の意を表示したのである。之が端午の吹流しや、祭祀の御幣や其の他に今も尚殘つて居るので天の岩戶事件の時、榊の下枝に青や白の布を垂げたとあるのは此五色の布であつた。但紫は時々黑に代用されて居る。

右の次第で五色人が絕えず我國に出入して居つたばかりでなく、少からず永住した者もありそのために彼等の血が我國人の血に混入したことは事實で、恐らくは日本人ほど雜多な混血あるものが他に無からうと思ふ。而も他に同化されず、かへつて何者をも同化し世界無類の優秀民族として益々隆んに榮えつゝある所以は、日の國として天に直屬し居るに外ならない。

のみならず、此等五色人の祖は悉く我皇統を承けたもので、卽ち天御中主神の祖父神であり、天日豐本黃人皇主神の父神に在す造化氣萬男身光天皇より別れ出でたものであるから、五色人皆同族で、萬邦一家の實がこれで始めて立證され又實現されるのである。然らば日本が世界を一統するに於て何の不思議も無いわけである。

要するに支那文化に由りて國が開かれたやうに傳へられた從來の國史から解脱して、萬國史よりも遙か幾萬年の太古史まで羽化登仙せねば、日本の日本たる所以が分るものでない。

十三、エホバとの關係

今日まで萬國史に絶對權威を保たしめて居つた聖書のアルバであり又オメカであるエホバ神との關係はドウであるか。之は何人も知らんと欲することであらう。

エホバといふ名は後世耶蘇教徒が附けたもので、本來此神は何の名稱もなく、唯一柱神として稱へられたのを、猶太教徒は便宜上YHWHの四字を以て神名を假稱したもので、之は發音すべきものではない。ツマリ神の名は濫りに唱ふべからずといふのである。併し聖書となつた以上之を捧讀する時に發音の必要があるのでヤーウエと讀んだ。然るに耶蘇教徒は無理に其の間に母音を加へてエホバと讀んだのである。

此エホバは一名造物主とあがめられ、軍神とも呼ばれ、又日の神とも唱へられた。

そしてエホバ以前に神なく、エホバ以後に神なしと三教徒に信じられて居つたが、神代秘史を繙くと元始神第五代の天一柱主太神がエホバに該當せらるる神であることを發見するのである。

此神は天柱眞神とも申上げられ地球上の世界萬國を造られた神であるから、エホバ神に能く該當するが、聖書はイスラエル民族史であるので世界史として見るべきものでないから、神代史は極めて短く省略され、イスラエルの系統を明らかにするためアダムイブを以て歴史の始めとなしたので、其の以前を一括してエホバ神の御座に造り上げたもので、モット具體的にいふと、エホバ神は天一柱主太神と太陽神と造化氣萬男身光天皇の三位を一體としたものである。

之がためにエホバの三位一體説なるものが必要になつて來たので、而も其の説明には今日でも決して滿足さるるものが無いが、丁度天照皇太神と太陽神とを同一神なりと仰ぎ居つた日本人の如く、三柱の神を同一神に取扱ふとしたから無理が出たのである。

エホバの三位一體の如きは神學上重大問題であらうが、信仰上問題とするに足らぬもので、歴史上の事實をして之を證明せしむれば足れりである。

斯く觀じ來ると、猶太敎の神、耶蘇敎の神、及回々敎の神エホバは日本神代史の一神に在されたので、此エホバを信ずる事は取りも直さず太陽神を信ずることで、三敎徒とも日本の神道を信仰して居るのである。

猶太の古文書に太陽神又は天の國と錄されてあるが、太陽神は日本の國祖神で、天の國といふのはアマックニであつた日本の事であらねばならぬ。そこで舊約のシオンは日本を指したもので、新約の默示錄第十二章にある『一個の女性あり日を着月を足の下に踏み首に十二の星の冠を戴けり』とあるのは我天照皇太神を指したものであると十五年前から絶叫して居る予の見解が見事に裏書された事になる。

十四、人間の祖

わが神代秘史では人間の始祖がハッキリしないから、一面物足らぬやうに思ふ人があるかも知れぬが、ドコまでが神でドコからが人であるか分らぬところが尊い價値のあるところで、そこで始めて天津日神の御子の意義が明かになり、又天孫民族の存在が是認さるるのである。

若し木に竹を接いだやうに神と人との接合點が識別されるやうなら、例へばエホバとアダムの關係のやうであるなら、如何にアダムは神人でも神ではない、そしてアダムを人間の始祖とは言ひ得ても、人は神の後裔なりとは直ちに言ひ得ぬのである。然るに我秘史では元始神の直系が何時の間にか人化せられて何代神で人化されたかゞ分らないのである。

天地神明に奉仕するの誠なき所謂學者等は不逞にも不見識にも人は猿の進化であると妄語したが、それなら君の親は畜生かと尋ぬれば然りと答ふるものは一人もあるまい。然らば人は元始から人であつたかといふに、若し人の祖先は人なりとすると日の御子とか天孫とか神裔とかは言ひ得なくなるのである。そこで此の難問は如何に解決さるるかといふに、分り易くいふと人は神の退化なりと言へばよろしいのである。

我等人間の世界が進歩しつゝあるやうに思ふのは極めて皮相の見解で、寧ろ退歩して居るのである。神の子として神と自由に交通が出來たものが、神の存在さへ抹殺して自分を猿の進化であるとまで放言するだけ、それだけ神智靈覺が退歩して居るのである。そこで現今の人間の向ふところを放任したら、數世紀のうちに猿に退化するであらうと思はれる。否、現に世界の流行を追ふて居る者等は悉く野猿と去ること遠からぬ醜人生を送つて居るではないか。

そこでアダム●イブを人間の始祖とすることは神裔を誇る民族の承認する能はざることで、勿論進化論の如きは俗論邪說寧ろ惡むべき外道である。

余はアダム●イブを人間始祖とする事に對し永らく不服であつた。聖書には神は自己に肖せてアダムを造つたとあるが、さればとてアダムは神の子であるとはいはれない。然るに神代秘史には人間の始祖といふものがないので始めて神と人間との接合が信じ得られるのである。

故に神代秘史は嚴かに我等を敎へて曰く、人は神の末裔であると。

されば我等は進化しつつあるのではなく退化しつつあるのである、此上退化したなら野獸になる恐れがあるから、神代の太古に復歸して鮮かなる神性を發揮すべきである。之が人間の向上であり又進歩である。そして祖先崇拜こそ敎育の大道であらねばならぬ。

十五、アダム、イブ

歐羅巴人の書いた萬國史や地理書ではアダム、イブが人間の祖先であるやうに敎へた。之は聖書に從つたものである。併し聖書は特にイスラエル民族に與へられた歷史であるから其の儘萬國史として受入るべきものでない。

聖書には、神はアダムといふ男を造り、次で其肋骨を取つて女イブを造つたとあるが、神代秘史ではアダムイブは一人の男性で二人ではない。そして前にも述べたやうに歐羅巴赤人の祖となつて居る。

今日では歐羅巴人といへば必ず白人といはねばならぬが、太古は白人ばかりの世界ではなかつたのである。むしろ赤人の方が多數を占めて居つたやうである。現に白人と稱する歐米人中に赤人系のもの少なからず居ることを見受けるが、アダムイブは此赤人の祖であるので、彼の後裔及勢力が自然に歐羅巴方面に擴大されたものであらう。そしてアダムといふは赤色、イブは生命の義であるから、アダムイブといふ名は自づから赤人の祖といふことを示して居る。

聖書では此アダムイブの出現したところをエンデの東としてあるが、之れは今のペルシヤ、むかしのバビロニヤのテグリスとユフラテの兩大河が合流するところであつたと斷定されて居るが、之で見てもアダムイブは今日所謂ヨーロッパ人では無く東洋人アジヤ人であつたのである。

そして彼は世界の萬物に命名したやうに書いてあるが、彼は赤人の父又王であつて決して萬民の父又は王でなかつた。聖書は赤人の聖書であつたのを、白人が之を世界化したもので、彼は一代官としてアノ方面に任命された王者に過ぎなかつたのである。

されば猶太古文書や回教徒などがアダムイブを神の代官と呼んで居るので、此神といふのは實はアマックニの天皇であつたのである。

それから聖書ではアダムイブは約六千年前の人の如くにいつて居るが、人間の歴史が一萬年以内の短いものでなく、幾十萬否幾百萬年のものであることは科學の研究に由らんでも常識で判斷が出來るから、聖書が之を六千年前の人に造つたのは赤人史を造るに都合よくしただけのもので世界史として受入るべきものではない。

斯くの如きは我古事記にもあるから聖書をのみ責るわけにはゆかぬ。要するにアダムイブ以前を唯神の一字に切りつめてしまつたほどであるから、アダムイブに對しても時間は問題でなく、唯アブラハムの祖先を明らかにしたいばかりにアンナ無理を試みたのである。然り、彼の系譜に無理はあるが之を僞作といふのは早計である。

要するに彼は我天御中主神時代の人であつた。

十六、當時の世界

從來の歷史に由れば、五大洲中の最大陸である亞米利加は僅に四百四十年前に發見されたからといふので、太古の世界は極めて小部分のものであつたらうと想像する人がある。

ところが我神代秘史には立派に世界の地圖が記されてあつて、南北亞米利加もチヤント載つて居る。

勿論此神代地圖は何時頃のものであるかは判然せぬが、伊邪那伎天皇以前のものではあるまい。何となれば開闢以來幾百回となく大地震や大洪水があつて世界の地形が變化したからで、而も此地圖は現世界と殆ど同じであるから幾萬年も前のものとは信ぜられない。併し葺不合朝以後のものとも思はれぬが、之に由ると、今日の五大洲は當時既に其形を明かに示して、亞細亞はアヂチ又はエダクニ、歐羅巴はヨモツクニ、濠洲はオイスト、亞米利加はイビロスと記されて居る。

アヂチは分家分邦で、今でも越中方面では分家のことをアヂチといふて居るが、エダクニは同じく枝國支那で、支那の國稱は之から來たものである。

ヨモツクニは古事記では黄泉國としてある。そして伊邪那美神はヨモツクニに一時隱遁せられたのは甚だ深い故があつたことであるが、夫は別に述べる。オイストの意義は不明であるが東方といふ事らしい。アヂチが亞細亞に、オイストが濠太利亞に轉訛したことは言ふまでもない。

それから亞米利加はイビロスと呼ばれて居つたが、イビロス又はエビスは同じく東狄外邦の事である。

唯一つ異樣に感ずることは、今の地圖は必ず北を上にし南を下にして居るのに、此地圖は正反對で、南が上で北が下になつて居る。

勿論略圖であるから詳細は能く分らないけれども、グリーンランドや、マダガスカルや、ニウジーランド等の島國まで載つて居る。但無名である。

然らば當時は地球を圓く考へたか又は平に考へて居つたかといふに、太陽を日の球といひ、地球を土の球といふところを見ると地球說を信じてをつたことが分る。

地球の圓いといふ事は三千五百年前の舊約聖書にも明記されて居るから近代天文學

で始めて發見されたものと思ふてはならぬ、一體現代の人が最も開化し古代の人は野蠻であつたやうに考へるのは甚だしい錯覺で、此地球上の人間史は今日までに幾百冊に綴られ、一冊毎に新世界が記錄されたものであつて、今日の世界は其の最後の一冊を綴り居るものと思ふべきである、卽ち歷史は繰返すで、當もなく進むのではなく、定められた軌道を循環して居るものである。

十七、世界統治

天則として地球上には一の世界しか無いわけで、天に二日なきが如く、地に二王あるべきでない。然るに神のテオクラシイが鈍つて、人のデモクラシイが强くなると必ず反抗鬪爭が行はれて四分五裂するものである。

今日幾十の大小國が地上に割據して居るのは皆此理由からで唯一つ我日本だけは或國から分裂したものでなく、又或國と對立したわけでもなく、遠き神代の昔から神勅に由りて奠められたもので天下無二の國である。

而して日本のみが日の國として建てられ、他は此日本から分れ出でた月の國であるから日本は本家で、萬國は分家であつた從つて今日の個々別々の萬國とは類を異にしたもので、正に地上の一大王族であつた。

故に日本の太陽が照明する限り世界は泰平であつたが、永い間には叛逆が起つて太陽と沒交渉に一國を私造したものが數多くなつて今日の如き有樣となり、更に支那文化及佛敎渡來の結果、太陽國としての自尊自重を忘却し、自ら自主の權を棄てゝ萬國の列に下落した爲めに、日本が世界を統治するなどゝ云ふと、恰も大侵略の如くに之を曲解するのである。

神の許さぬ物質力で領土を擴張する米國の如きこそ侵略の張本であるが、天地の公道に昇り行く太陽の如き日本は何で侵略か。

事實上、米國は僅に百五十年未滿の若國ではないか。然るに日本は現在國中の最も古い國であるばかりでなく、日本は太古に於て世界を統治して居つた事が明かになつたのである。

之には色々の證據があるが、第一には神代天皇は其の卽位式に於て必ず佩かせられねばならぬ神劍には世界地圖が刻まれて居るではないか。第二に神籬を八方に飾りて萬國を祝福せられたではない。第三に五色の旗又は布を榊に垂れては萬民を祝福されたではないか。第四には御紋章の十六光條日章は四方八方卽ち全世界に君臨するの意を示されたものではないか。之は猶太の古文書にもあることで、十二光條は一國、十六光條は萬國への君臨といふことになつて居る。

それに日の國である以上誰が何といふても萬國を照覽するのは當然の事で、日の御子である以上地に二王を許さぬもので、デモクラシイが之れ以上橫行すれば天下は星條旗の下に席捲され、テオクラシイが復興すれば世界は日章旗の下に解放されるのである。

回顧すれば六十餘年の昔『須らく神武の昔に歸り進んで古を爲すべし』と建白した玉松操が今日世界的に出現し、地球儀の上に立つて卽位せられた明治天皇の御誓文が世界的に宣示さるる日が甚だ近くなつた樣である。

十八、東西南北

漢字の東西南北は一體ドンナ意義があるものか不明である。又歐羅巴人の方位には東は黎明、西は日宿、南は日領といふ意義があつて、北は不明であるが、恐らくは何國の語でも東西南北は太陽に起因したものと思はれる。彼のバビロン又はエヂプトを中心として各所に見受けらるる古代の神殿の祭壇が、必ず東方に築かれて居るのは、太陽崇拜上當然の事で、東といはずに祭壇といふたこともあつたのである。

而して我神代では方位を次の如く呼んで居つた。

東	ヒガシ	東南	ヒタミ
南	ヒナタ	西南	ヒサリ
西	ヒニリ	西北	ヒイル
北	ヒウケ	東北	ヒトオ

何れも日を中心とした呼稱で又極めて徹底した意義を有つて居る。

斯く太陽を中心として方位が定められたのであるから、自然ヒナタ（南）が上になりヒウケ（北）が下になつたので、聖書に『エホバは北の天を虚空に張り地を物なきところに懸けたまへり』とあるのは、アレハ北半球に於ての事實だ、南半球に行くと南の天が上になるのであるから、わが神代世界地圖が南を上にしたことは之は前にも述べたやうに太陽を上に仰ぐ心から出たことで、無論北半球に於ては太陽は南の方に近くあるからである。

兎に角、天上の太陽を地上に國體化したのが日本であるから地球上での日の本であつて、毎日毎日太陽は先づ最初の光線を日本に與へるわけで、如何にも雄大高遠な活書である。而も架空の理想ではなく事實が之に並行して居るから面白い。

尤も東西は南北と異つて極點が無いから、日本は絶對の東極とはならないが、不思議にも、日本などを眼中に置かなかつた泰西の學者等が勝手に取極めた經度が、グリンニチを零度即ち起點としたところが、日本は東經百四十度で、極東百八十度までは國土が無いから日本は極東になつたのである。そこで米國は日本から見れば東方ではあるがアレは裏東である。

これで日本は西洋文明が極印を打つた極東日本となつたわけで、建國の意義が自づから發揚されつつある。惟ふに近き將來に萬國民は必ず祭壇を東方に造營することになることは明かである。

十九、日の御旗

國史を見ると、今を去る七十六年前、即ち安政元年七月九日左の如き布令があつた。

大船製造に就ては異國船に紛れざる樣日本總船印は白地日之丸幟相用ひ候べし。

而して之が今日日本の國旗である日章旗の始めであるとされて居るが、茲に二つの不思議がある。

世界列國中、日本は最後に國旗を制定したに拘はらず、最大最高、完全無缺の旗印を採用したことは何故であらうか。何が故に他の國々が此顯著なる太陽を忘れて極めて劣等な物體や低級な意匠を國章にしたのであらうか、中には天體の星や月を採用したものもあるに係はらず一番大切な太陽を翳すことが出來なかつたのであらうか。

之には種々の理由もあつたらうが要するに我國は世界の太陽なりてふ自信が無かつたからといはねばならぬ。若し誤つてでも何國かゞ既に日章旗を採用して居つたとすれば、日本の世界的發展が半ば阻止されねばならなかつたと思ふ。之が第一の不思議。

次ぎに第二の不思議が、假令一千二百六十年間變態政治が行はれて、世界から隔離されて居つた狀態にあつたとはいへ、國に何等の旗印が無かつたとは餘りに不思議ではあるまいか。況んや斯かる意匠や圖案に優秀な天分を有し、家には家紋があり、藩には藩紋があり、軍には軍旗があつたではないか。

或は國際關係が無かつたから國旗の必要はなかつたといふ人もあるが、それなら何故に國稱が必要であつたか。

夫れ國章は使命の表現である國と共に掲げらるべきもので、外國船と見誤れぬが爲位な方便で制定さるべきものではない。

然るに國民一般が日本といふ國は支那文化で開かれたとのみ迷信して居るので、國體に對し深厚なる信念が乏しい。殊に國史には此信念を增大ならしむべき深みがない。

然るに我等の神代秘史に照らすと、天御中主神より二代前の造化氣萬男身光天皇の御代に既に二旒の國旗が高く飜へされて居つたのである。

その一旒は今日使用して居る日章旗と全く同一のもので、他の一旒は八光條の日輪即ち八咫鏡と同意義のものである。

而して此等の國旗は遙かに降つて初代葺不合天皇の御代にも使用されて居つたことを見ると無論永久的國旗として制定されたものと拜承する。

併し乍ら、何故に二種の國旗があつたかは未だ十分に研究して居らぬが、思ふに八光條日輪の方は軍旗として使用されたものではなからうかと思はれる。

二十、日の御紋

國が日の國で太陽を以て任ずると共に皇祚は天津日嗣であり、皇儲は日の御子に在し給ふ以上、御紋章は日輪であらねばならぬことは常識で判斷しうることである。然るに今日では菊の御紋と稱し、菊花を以て皇室を象徴するが如く信じられて居るが、由々しき誤りといはねばならぬ。

之が德川の紋や豊臣の紋ならば如何に誤り傳へられたからとて我々には沒交渉であるが、御紋章が日輪であるか、はた菊花であるかに由つて世界の大勢に絶大の影響を及ぼすことになるから、此誤りは一日も早く正さねばならぬ。

ところが紋章學で學位を授けられた人までが御紋章については全く無智で、之を菊花の如く斷じ、且つ菊花は支那渡來のものなるを明記して、御紋章の義も支那思想に負ふところあるかの如き不都合極まる妄説を吐いても誰一人怪むものがない。

往年英國の公使が御紋章の由來を問うたことがあつたが、時の總理大臣も宮内大臣も知らなかつたのである。何と情ないことではあるまいか。

此様な事は別に研究せんでも苟くも國體觀念が充實して、天皇は日の御子なりとの信仰に生きて居る國民なら、誰でも之は日の御紋なりと說明出來る筈である、然るに誤られた國史の缺陷に禍されて、菊の御紋とのみ信じ切つたために說明が出來なくなつたのである。

世界統治の稜威が四方八方十六方に放射されて居る有樣をその儘旗印にせられたもので、最初は日輪に十六光線を付けたものであつたことは、ヒフミヨのヒ字を見ても明かである。それが漸次美化されて外圓が描かれ更に花瓣式に加工され、次いで複瓣式に改められて今日に及んだもので、竹內宿禰の時に之を菊形御紋と稱へたのである。であるから菊の形に似て居る御紋と申上げたのを、後世菊花御紋と思ひ過つたものに外ならない。

要するに元來が日の御紋である。であるから御紋章は雲地に現はさるるのが本式で菊の葉などを以て配すべきものではない。

從つて御紋章の外に裏菊と稱せらるる御紋があるが、今では菊の花紋を中央に置いて恰も裏菊の如く思はしめてゐるが、あれは菊の裏ではなくて八咫鏡でなければならぬ、現に竹内宿禰家の家紋を見れば明らかである。延いて菊水紋も菊水ではなく日水で、之は洪水のため神宮の幕の御紋が半ば水におほはれたのをその儘其の時神宮擁護に貢獻した人々に賜はつたものである。

故に日の御紋と申上げるまで國民の天皇觀が復歸せねば世界君臨の時機は到來せぬことを忘れてはならぬ。

二十一、仰げ錦旗を

そこで錦旗に非常な尊い意義が現はれ來る。

國章が日の丸で、御紋章が日の御紋であるならば錦旗に高く鮮かに示さるる御紋は何であるかゞ分つて來る。

皇室の御大典には必ず日の御旗及月の御旗が樹てられて重要なる御役を勤められるのは何人も承知の事であるが、星の御旗といふものは無い。

已に述べた如く、日は內國、月は外國を示したもので、日月を併せたものは世界萬國の意を示したものである。

聞くが如くんば、皇族に親授せらるる錦旗には日月が掲げられ、臣下への錦旗には御紋章が掲げられて居るとの事であるが甚だ意義の深いことで、內亂と外亂とに由つて其の用が異なるやうにも窺はれ、又征討と統一とに由りて異なるやうにも考へられるが、何れにしても錦旗を仰ぐもの、何人か日輪月輪を以て單なる一裝飾となすものはなからう、又御紋章を拜して之を一植物の花の如くに低級に思ふものもなからう。花は枯れるものである。此點だけでも天壤無窮や萬世一系には少しも過當せぬものである。

然るに世界の維新革命、卽ち萬國が統一せられ、神政が復古せんとする其の日、葵の紋では何の意味もなさぬと同樣、菊の御紋では五色人を畏服せしむべき理由が立たぬ。そして其の時高く翳さるべき錦旗こそ、卽ち日の御旗を仰いでこそ、我等は夜の世界より晝の世界に移らん、星の國より月の國に移らんとの讃美を五色人に高唱せしむるのである。

ところで、世界統一と神政復古を最も眞劍に熱望し、又最も忠實に其の現實に挺身して居るのは猶太人のシオン運動である。彼の星の國も世界一統を夢みて居る、併し神政復古と正反對なデモクラシイ普及を宣傳して居る。そして猶太人のシオン運動は換言すれば日本運動であつて、其詳細は本欄では述べ得ないが、分り易くいふと夜のなき世界、日の常に輝く國を建てるといふことであるから、猶太會堂の正面祭壇のあるところには、壁に御紋章の窓を切り出してあつて禮拜にも祈願にもシオンの再現を忘れないのである。

又彼等の家庭でも、主婦は毎金曜日の夕に神燈を捧げることに忠誠であるが、此の神燈にも御紋章を飾つたものが尠くない。それから又猶太國の首都エルサレム帝王門ともいふべき門の頂上にも徑一間もある御紋章が刻まれてあるが、何れも世界統治者奉迎の誠意を示したものであるから、日本は一日も早く日天月天の大錦旗を國際舞臺に飜へすことを考ふべきである。

二十二、四海同胞

四海同胞といふ語は何處の國にもあり、又何民族も世界は一大家族であるといふ概念を有つて居るが、之は人類の血脈に潜んで居る不文律とでもいふべきものである。

一國一國の歴史を見ると他國の人は敵の如くに見え、五色人を並べると色の異なるが如く祖先も異にし居るやうにも見えるが、少くとも猶太教、キリスト教及回教を信奉する教徒等は同一祖先を信じ、其の數正に世界人口の半數である。

それから言語や習慣や人種やを辿つて行くと、世界人口の八割位までが同一祖先から生れ出たものと肯定されるから、煎じ詰むれば人類の祖先は同一であつたとする方が穏當である。

然るに從來の歴史は、何國の歴史を問はず餘りに近代であつて、五色人が全世界に散在した後の事しか錄さないから、神代當時の事などもとより分らう筈はない。

唯聖書だけが最も古く、最も完きものとして今日まで世界史の權威であつた。それに由ると新世界の先祖はノアの一家族となつてゐる。然るに丁度其の頃に支那は禹王の時代であつた。

禹といふ人は實在人か或はノアと同一人か、ノアの洪水と禹の洪水と同じであつたかドウかといふことは明かでなかつたために、萬民同祖說が確立しなかつたがわが神代秘史の出現で此邊の消息が一切明白になつたばかりでなく、幾百萬年前の事實さへ手に取るやうに詳しく示られてあるから、今までの萬國史の如きは正に太陽の前の星の樣なものといひうる。

太陽の光りは東から西に及ぼすが如く、人類も東から出で丶西に繁殖したもので、日本が五色人の本家本元であることが分つた。

彼のイスラエルが十二支族を世界に繁殖せしめたやうに、元始神第九代造化氣萬男身光天皇の御代に、五色人の祖先が到るところに派遣された。そして其祖先の名が其の地方の國名になつて今も殘つて居る。

今その人名や色別を明かに記すと非常に興味が加はることであるが、紙面が許さない上に詳細の公表は他日の機會を待たねばならぬから殘念ながら省略する。

これで見ると萬民同族、萬國一邦で、總本家は日本であることが證明されて居る。他に之れ以上の文獻が飛び出さぬ限り、何國何人も日本の大家族主義の下に歸一せざるを得ないわけで、個人主義だの、無産主義だの、無政府主府だの。共産主義だのすべてデモクラシイの毒素から發生する邪主義惡思想は悉く吹き拂はれ、一視同仁の光明を浴びて異口同音に君が代を高唱するに至るのである。

二十三、萬國巡幸

外宮が勸請されたのは第八代天日豊本蘆牙氣皇主神の御代であるが、最初の萬國巡幸として記錄に遺つて居るのは第十代天日豊本黄人皇主神の御代である。

此萬國巡幸は研究や、漫遊や又は觀光といふやうなものでなく、卽位を天下に宣布せらるる意味のもので御一代には必ず一度は巡幸せられたのである。

已に巡幸である以上萬國の統治者として太陽の如くに稜威を示さるる事で、苟も皇化を拒むものあれば直ちに之を掃蕩せられたのである。

ところで、今日ですら世界一巡に半年を要するから、其の當時には數年を要したであらうし又陸上は兎に角、海上は何に據つて旅行せられたかと怪む人が多いが、それは今日の人間の見地に立つての疑問である。

幾度も述べた如く、今日の人間は人間としては寧ろ退化淪落して居るので、人間の本能は甚だしく痲痺して居るから、神智靈覺の如きは殆ど用を爲さず、唯科學と獸慾とに一切を任して居る有樣である。

之がために科學認可を經ねば水が渡れず、物力の加護を受けねば空が飛べないので坐乍らにして天下の事實を曉り、見ずして萬國の事情に通ずるといふ靈感は更に發達して居らぬ。

然るに神代當時は半ば神で半ば人であつたから、假令其の外觀が今日の人間と同じであつたとしても、其の人間性、人間力といふものは雲泥の如くに相異なつて居つたといひうる。そこで今日では神通力を有する人が偶々あれば神樣の尊稱を受けるのであるが、むかしはソンナ人は少しも珍らしくはなかつたで、一瞬萬里を飛翔しうることも出來たと思はれる。

併し天日豊木黄人皇主人の御巡幸の時には、大海原乘舟造知尊、天豊舟乘知主尊、天日龍舟工知主尊等に命じ、大船八艘、小船十六艘を造らしむとあるから、神通力で飛翔せられたものでなく、極めて發達した船舶に據られたものと思はれる。

そして天皇自身天の浮舟に乘り、先づ阿支胃州（東部亞細亞）の支那を始め、天支豫母都州（西部亞細亞）天支天夫利降州（阿弗利加）天支尾世阿兒安州（太洋洲）天支日前多天惠比須州（南亞米利加）天支日後天惠比須州（北亞米利加）を一巡せられて、磐城の濱に還幸せられたことが記録にある。

此萬國巡幸は神武以後に至るまで繼續せられ、竹内宿禰亦大命を奉じて萬國を巡視したのであるが、ソンナ事は今迄の國史には少しも載せて居らぬ。之は支那文化に中毒した賣國奴等が斯かる事實を悉く抹殺したためである。情ない事ではあるが今日でも歐米崇拜の走狗等が國體抹殺を平氣でやつて居るではないか。

二十四、萬邦朝貢

日本が祖國であり又世界天皇の在し給ふ所でもあり、且外宮所在地であるがために萬國の國王や使節などが引きも切らず朝貢參賀したもので、其の偉觀言語に絶したのである。

當時神都高天原は今の越中に在つたから、アノ地方は日見日高見の國と呼ばれた。此處に萬國の王又は使節などが參朝奉賀し、或は國王の親任式や內宮外宮の大祭典等が盛大に執行され、凡ゆる樂器に由りて奏せらる奏樂の音舞の姿、今尙ほ蜃氣樓の如く浮び出るやうである。

今其の記事中の一例を左に示すが、原文では讀みにくいから分り易く書き直してある。

天日越根中國（今の越中）日日見日高見神明天神祖一神宮の天職天皇天日豊本黃人皇王神天皇卽位〇〇〇年三月一日萬國の諸王來朝し日見日高見神明西方の御皇城山

大宮大前に奉賀す大宮三百九十名之に列した天皇親ら祭主となり大祭を執行せられ八拍手四拜禮黃人大官神饌を奉り萬國同一同鈴笛太鼓鏡笙等を奏し神樂舞を捧げ奉祝の後國王親任式を執行す。

之は天御中主神の父神天皇の時のことであるが、其の後歷代天皇の御代にも絕えず斯かる祭典や儀式が行はれたもので、聖書に錄されてある『萬國川の如くに之に流れ歸せむ』とある語が、之は神政復古の豫言であるけれども、我神代に於て神政が斯くの如く世界的に實施されて居つたので、之で神政復古（日本では王政復古）のわけが始めて分るのである。

さうすると天皇は絕對で、皇帝又は王侯などゝ同列に視るべきものでないことが分ると同時に、日本が世界を統治するといふ事は日本の政治家の野心ではなくして、神代以來己に定められた天職であることが分る。

然らば萬國が日本に大使公使を派遣することは當然であるが日本から大使公使を外國に派遣する必要が無いわけである。

更に又國際會議などゝいふに日本から全權を特派し、アルフアベツト順に坐らせられて英米が勝手に造つた獻立表に署名するといふ樣な事は餘りに國體を無視した不敬の行爲で、强て國際會議の必要があれば、各國の全權を召集し太神宮の大前で御前會議をなすべきではないか。

此權威此見識の無い政治家は此際自ら遠慮すべきである。神政將に復古せんとし、日漸く高い。最早梟や蝙蝠の飛び廻る時ではない。

二十五、高天原

高天原を以て佛敎の極樂、耶蘇敎の天國と同樣に考へて居る人がある。トンデモない誤りである。

高天原は亡者の收容所ではない實に地上の至聖所であるが、日本に唯一ケ所しかない。無論世界にも唯一ケ所しかない然るに或人は高天原は日向にあると主張し、或人は茨城にあると主張し、又或人は滋賀にあると主張して讓らないが、ソンナに六かしい問題ではない。

併し殘念ながら今は無いから過去の高天原が何處に在つたかといふより外に仕方がなく、今何處にあるかといふ議論は無用である。

何故かといふに、高天原といふは元來萬國統治天皇の政廳をいふたものであるから、萬國を統治する天皇の政廳が存在せぬ限り高天原は無いわけである。

但し神代當時の天皇は即位毎に政廳を遷されたばかりでなく一代のうちでも屢々遷都されたので、政廳は必ずしも太神宮と同所には無かつたために高天原の舊蹟は全國到るところに數へられる。滋賀にもある、茨城にもある日向にもある。併し今も其處にあるのではなく、むかし其處に在つたといふのである。

而も其の數は十ヶ所や二十ヶ所ではなく、實に百以上にも及んで、其の場所も皆明らかになつてゐるが、過去の高天原を研究するよりも、將來の高天原に沒頭すべきである。

佛教の極樂については更に知らないが、耶蘇教の天國といふのは彼のクリスチャンが信じて居るやうな天上の靈界ではなく地上の聖境と見るべきものである。

舊約時代には此天國が已に喪はれて居つた關係上、天國は地上のものでないやうにイスラエル人は考へて居つたので、モーセがシナイ山から行方不明になつた時も、彼は雲に上げられ天國に行けりといふて居る。ところが其當時日本は神洲又は天津國と呼ばれて居つたから、實はモーセば日本に來て居つたのである。

基督も地上に神政を復古せしむるために、神國建設を說かれたが、基督の所謂天國は、雲上の靈界ではなく、地上の神政廳と見ると基督敎が能く分つて來る。

而して日の御子は今も我日本に在し給ふがデモクラシイ政治家が國是を誤つて居るためにテオクラシイが行はれて居らぬ。從つて太陽は十分に其の光明を放射しないから、日本の天皇を世界の天皇なりと高唱してもデモクラシイの妖雲惡霧に妨げられて其の聲は八紘に及ばない。延いて高天皇が實現されないが日の御子を世界の天皇と仰ぎまつる其の日其の時、高天原は再現復興するのである。

二十六、全地泥の海

聖書では人間は約六千年前に創造されたやうになつて居る。尤も其の前に動物植物又其の前に天體などが創造されたのであるから、世界創造は幾十幾百前の事であつたとは想像されるが、それにしても人類史が一萬年以内とは餘りに新らしき過ぎる。現に何百萬年前の人骨の化石が近頃發見されたといふことであるから、人類の創造は幾百萬年前と事とする方が穩かである。併し幾百萬年の歴史を有してゐるものとすると、所謂文化の發達は餘りに遲過ぎるので僅に七千年前の記錄は愚か、三千年の事すら甚だ不明瞭であるのは一體何故であらうか。

この疑間は誰にでも起るべきもので、又誰にでも自答が出來ることである。それは現代に傳はつた歴史は人類史の最近の數頁に過ぎないものであると。

之は當然の答へである。併し何故に其の以前が記錄に無かつたか。文字が無かつたためとは言ひ得ない。何となれば文字の如きは文化と共に必ず備はり居つた筈であるから。

そこで此疑問を最も合理的に説明しうることは、即ち人類の文化が開闢以來幾度となく潰滅に歸し其度毎に世界が新に復興せねばならなかつたからである。

而して聖書には此一例が明記されてある卽ちノアの大洪水である。然らば此大洪水以前に人類の文化史が立派に綴られてあつたので、聖書は斯かる大地變が一度しか無いが、わが神代秘史る見ると幾十度、幾百度とあつたのである。曰く、天地分主大神の御代より地球全部數百度泥の海となる。

これは地球がマダ固定しなかつた時代には勿論有りうる事であるが、更に人類史が綴られ始めてからでも、人類の淪落に伴なつて必ず有りうべき事でノアの洪水の如き其の一例である。

併しノアの洪水の時にノアー家が安全地帶に居つた如く、神の選びたまふた一族が必ず其の災難を逃れ居つたことで、何國何民族が常に安全地帶に置かれたかといふと日の國の日の民であると考へられる。

そこで日本が最も古い國で、他の何國にも無い太古の記錄が殘つて居つたり、また神代の文化が傳へられたもので、此神代秘史を讀んで居ると、全地泥の海と化すといふ記事が幾度とあるばかりでなく其度每に從來の文化が破壞されて又新なる文化が發生したことが直覺されるのである。

實際世界の何國も皆極めて新らしいもので、日本のみ獨り古いばかりでなく、國體が獨り全然異なつて居ることなど考へると、軈て來るべき世界の維新革命にも日本のみが獨り殘るべき約束に置かれて居るのであらう。

二十七、木に餅が生る

全地を泥の海と化するほどの大地變が、關東大震災のやうに何の前兆も豫告もなく突發したとすれば、蟲一疋も生き殘ることは不可能であらうが、ノア一家は神の豫告を承けて大船を造つたために避難したのである。

さらば神は如何なる豫告をなされたか、之については何の記事も見當らぬが、幾度とも全地を泥の海に化した此大地變の時の記事に、いつも「木に餅が生る」と書き添へてあるのを見ると、之が前兆の如くにも思はれるのである。

今でも竹に實が生ると饑饉が來るといふ傳說がある。果して左樣か眞僞を慥めたことはないが、木に餅が生つた事實が傳へられたものではなからうか。

『松の樹は荆にかはりてはえ岡枯樹は棘にかはりてはゆべし』此句は神政復古の光景を示したもので、聖書の豫言にあるが松の樹の意味が分るけれども、岡枯樹を何故に引用したか分らぬ。然るに日本では之をモチノキと呼んで居る。或は大地變の時に此樹か又は之に類した樹に餅が生つたために此名稱が出たのではあるまいか。

無論米の餅が木に生つたわけではない。餅のやうなものが生つたのか、或は木に生つたものを當時の人々がモチといふたために、後世米で造つた餅が之に似て居るからとて餅をモチといふたのか分らぬが、何れにしてもモチといふ語は天より賜はれる聖き糧といふ意義のものらしい。

若し天佑神助といふものを信じない人があつて、ソンナ事が有り得ないと一笑に附し去るかも知れぬが、何人も否定することの出來ない彼のイスラエル民族の四十年に亘る荒野旅行に於て、彼等はマナを食して生きて居つたではないか。此マナといふは靈果と譯して居るが、シナイ半島にある植物の實だといふ人もあるが、木に餅が生つたと考へればよいではないか。

奇妙にも猶太人は此天降りの糧を記念感謝するために、祭日にはマッアといふものを食するが、此マッアは麥で造つた餅で、マッアはモチから轉訛したものらしい。そこで日本で祝祭などに餅を用ゆるのは猶太人のマッアと同樣、天佑神助を記念感謝するためではなからうかと思ふ。

木に餅が生るやうな大地變が近き將來には無からうと思ふが思想的に信仰的に今日の世界は丸で泥の海となつて居ることは事實である。そして此際に神代秘史が發見され世に現はれたことは、丁度木に餅が生つたやうなものである。何と有り難いことではないか。

二十八、天の浮舟

人間が天空を飛ぶといふ思想は古今東西何處にでもあつたことであるが、空を飛ぶといふ以上は普通の人間ではなく、半ば以上仙人化したものであらねばならぬといふことから、東洋の繪畫には羽衣が附けられ、西洋のには翼が附けられてある。

併し、鰭なくとも魚の如くに水を泳ぎうるなら、翼がなくとも鳥のやうに飛べにわけはなからうと思はれるが、實際之は出來るかドウカは問題である。

今日では飛行船があり飛行機があるので、空を翔けるといふことは少しも怪きことでなくなつたが、神代當時に果して航空が出來たか否やといふに、器械の力が傳はつて居つたら勿論出來得たことではあるが、仙人天女のやうに器械力に據らないで飛翔したとなると今の科學萬能論者には一寸信じられぬことになる。

上記を見ると、丹頂鶴に乘つて飛行したところが、途中翼が傷んだため、阿祖山（今の富士山）に下りて修繕したといふ事が書いてあるが、丹頂鶴といふのは一種の飛行機と思はれる。

イスラエルのソロモン王がシエバヘ往復する時に緑色の數物に乘つて飛行したといふが、之も一種の飛行機であらう。

飛行機は第二十世紀の產物であるから數十年前否數萬年前に飛行したなどゝは信じられぬといふ人もあらうが、人間は精神的にも肉體的にも退化したことは事實であり、殊に心靈的では全く神通力を失つたことは明らかであるが、コンナ疑問は自からの愚を示すに外ならない。故に予は神代人が自由に飛行したといふ記事に對し何等怪く思はない。

そして神力で飛んだか、物力で飛んだかは明言出來ぬが、天の浮舟を造るといふことがある以上物力をも利用したことは明かである。

然らばドンナ風に飛行せられたかといふと、次のやうな文句が記されてある。

天皇萬國巡幸大力勇神通力にて一日八千里、天空浮舟行給ふ、又一日一萬里行給ふ時萬國五色人王尊者亦土民一同天鳴天日天皇貴く天の神の御來光といふ拜禮す。

當時の里は今日の里と同距離であるか否やは問題でない。兎に角コンナ風に自由安全に地球上を巡幸されたのである。そしてそれは靈力であつたか物力であつたかは今解決する必要はない、唯飛行術は完全に進步發達して居つたといふことを敎へられるのである。

二十九、ラヂオ式政治

ラヂオは最新の文化的驚異であるとせられて、人智の進步已に神智に達せりなどと傲語して有頂天になつて居る現代の輕薄さは憐れむべきである。

來りてヘブライの古文書を見よ、タルムツドにはラヂオといふ語があり、又聖書を繙くと詩篇第十八篇はラヂオの章といふべきものではないか。

ラヂオは放送と譯されてあるがヘブライ語ではシエキナともいふて居る。此のシエキナにつきて改めて後日述べる必要はあるが、ラヂオといひ、シエキナといひ何れも無限の放送を表明したもので、それは必ずしも音聲の放送ではない、寧ろ光明の放送

をいふたものではあるが、詩篇第十九篇を見ると、

この日ことばを彼の日に傳へこの夜知識を彼の夜に送る、語らず言はず、其の聲聞えざるに其のひゞきは全地にあまねく、其の言は地のはてにまで及ぶ。

とあり、又タルムッドには

神に事ふる數知れぬものゝ中に、獨り太陽が全地光明を與ふるが如く、シエキナは更に偉大なる光明を放射すシエキナは鐵の如く鳴り渡れり。神の靈は光となり、音となつて人に感受せらる。

などゝあるのを讀むと、今日ラヂオよりか遙かに進步した方式が使用されて居つたことが分る。之こそ正に最初のラヂオといふべきである。

飜へつて我神代史に眼を轉ずると、日本の世界統治の方式は此ラヂオであつた。シエキナ式ラヂオであつた。

そして此世界統治の方式を圖案化したものが即ち御紋章である。

その首より放たるゝ白き光明は四方に四條宛十六條に別るれど、末には三千七百萬

條に分たれて凡ての世界を照らすべし。(猶太タルムット)

御紋章は卽ち右の實現であつて、ラヂオ式政治ともいふべく、亦シエキナ式政治るもいふべきもので、此本來の政治から見ると、現行政治は叛逆といはざるを得ない。基督は此神主政治を指して葡萄式政治といはれた。曰く『われは葡萄の樹、わが父は農夫なり』然るにデモクラシイは『さゞれ石』式に個人主義であるから、葡萄の譬へにも當らないし又ラヂオ式にも逆行する。

實に最初のラヂオは此政治である。一視同仁の光りと熱と力とを天地人に放送するのであるから國民は須らく此心得で御紋章を仰ぐべきである。

三十、亞細亞先づ輝く

天空が太陽が神として世に現はれ、國として地に形したる後時を經て內に國を充實すると同時に、外に國威が伸張するのは當然で、餘れる力が溢れて全地に漲らんとするに當り、第一に今日の亞細亞が輝き出したのである。

アジヤといふ名は何といふ意義のものであるかは恐らくは何人も知らぬ事であつたが之はアジチといふ語から轉訛したもので、アジチといふことは日本語で分家といふことであつて、北陸方面では今も分家のことをアジチといふて居る。

已にアジチ（分家）といふ以上オムヤ（母屋又は棟梁）が無くてはならぬから、今までの日の國は母屋となり棟梁となり、新たに出來た外域は分家又は支國と呼ばれた。卽ちアジチとも呼ばれたから、亞細亞も支那も同義名稱である。アジチがアヂヤに變つたのは西亞細亞式に由つたもので、バビロニヤ、カルデヤ、メソポタミヤ、アッシリヤなどと同じ理由で遙か後世に變つたのである。

この支國は其の文字通りにエグナ卽ち枝の國と讀ますべきもので、支那の國名が之から來たものではあるが、亞細亞全洲が卽ち支那であるべきものを、後世亞細亞で羅を鳴らした强國を自然に支那と味ぶやうになつた。

そうすると支那の名稱は日本が命名したもので最初は磐支那とも呼ばれた。之を知らずして支那自らが中國などと稱すべきものでない、そして日本が支那を統治してゐたことは神代秘史に明かであるばかりでなく支那の最も古い文書などに日本語や日本の神々の名が少なからず見受けられるのを見ても明らかである。

支那に次いで强大をなした國は印度で、之は天笠又はエダクニインダウと呼ばれた。そして此二國で亞細亞を成し居るといふても過言ではない。但し支那人は黄人種で、印度人は黑人種であるの相違がある。無論青人も赤人も白人も散在しては居つたが、赤人は小亞細亞方面に、白人は歐羅巴方面に、又青人は南洋方面に發展した。

支那の太古史は五帝に始まつて居るが、此五帝は何れも漢人種で西北から來たといはれて居る。併し其の以前の歷史が全く不明であつた。ところが五帝の幾十萬年前に已に日本の分邦であつた關係から、五帝中の伏義氏と神農氏とは日本に留學に來て居つた。そして越中の伏木港は伏義氏が滯在して居つたゝめに命名されたとの事である。

それから黄帝といふ名や、黄色旗を樹てたことや、又支那人が黄色人であることなどから考へて我神代秘史は非常に面白くなるのである。

そこで我々日本人が大に自覺せねばならぬことがある。即ち日本人は亞細亞人ではないのであるから、亞細亞人などと稱して自ら侮つてはならぬ。同時に日本は五大洲と離して考へねばならぬ事である。

三十一、歐羅巴への放射

太陽の昇るに從つて晝の世界がダンダン西に展開擴張されて行くやうに、日本を發祥地とした五色人の足跡も又西に向つて末廣がり行き、茲に歐羅巴なるものが始めて日光に放射せられて地圖の上に出現したのである。

併し乍ら、當時の歐羅巴といふのは、今日の西亞細亞方面が主體であつた。

この歐羅巴はヨモツクニ又はヨイロバと呼ばれ、古事記に所謂黄泉國であるが、黄泉といふと冥土又は陰府と思ふて居るのは誤りで、實は歐羅巴の事であつた。即ち伊邪那美命が黄泉國に行かれたとあるのは、懷かしき故郷のヨモツクニへ一時歸還せられた事であつた。

今日でこそ、歐羅巴は世界文化の先進國のやうに勝ち誇つて居るが、其の文化史は僅に三千年に過ぎぬ。さればエヂプト文明や、バビロン文化と比しても甚だ幼稚のものであるが、日本文化の一支流であることを思へば、歐化文明に心醉するが如きは本末を辨へざる不明の振舞といはねばならぬ。況んや米化文明の如きをやである。

而して此歐羅巴方面へ進出した五色人を調べて見ると、唯赤人族のみが見出されて、その他の足跡は印せられてない。

即ち赤人の祖アダムイブヒの直系アダムイブ王を始めとしてアフガカブ及ヘルシヤケルマン等の支族が發展したので、アダムイブはメソボタミヤ方面へ、アフカブはアフガエスタン方面へ又ヘルシヤケルマンはベルシヤ方面へ何れも進出したのである。降つて國常立尊の御代に至り天皇阿夫利へ御巡幸の時には、アベル王、カイン王、セツキ王等拜賀せりとあるが故に、赤人族はアフリカ方面に發展したものと見える。然るに白人族は尙未だパミール高原よりアブカニスタン方面に勢力を扶植して居つて、今日の歐羅巴へは一歩も足を踏み入れては居なかつた。

然るに彦火火出見尊が萬國御巡幸の時にはルーマニャの墺地利まで歩を延ばされたから、無論其頃は赤人と白人とが同方面に發展しつゝあつたので、幾何程度の發展であつたかは不明であるが、兎に角今日の歐羅巴にも太陽の光明が斯くの如くに照り始めたことが分る。

然しヨーロッパは五大洲中最も遲く開かれたところで五色人中の最下級である白人が主として同方面に活躍したのであつた。

であるから今日のヨーロッパの文化史は時間からいふても亞米利加に劣り素質からいふてもアジアに劣るので、現今世界を風靡して居る西洋文明なるものは要するにバベルの塔に過ぎないものである。世界は統一されつゝある。神政は復古しつゝある。そして太陽文明は再び天の岩屋戸を洩れつゝある。

三十二、米大陸亦皇土

所謂亞米利加洲は萬國史上極めて新參のものとして公認されて居る。即ち僅に四百四十年前我朝では足利幕府が全盛の頃に漸くコロンブスに發見せられたといふので、それまでは土人と七面鳥位が原始生活を樂んで居つた位にしか考へて居らぬ。

そして南米には其昔インカ帝國が日の出の勢を示して居つた事さへ、また明かに史上を賑はして居らぬ。ましてや幾萬年の太古に日章旗がロッキー山頂や、アマゾン河畔に飜つてたことなど固より知らう筈はない。

既に述べたごとく、神代天皇の即位は日本統治の意ばかりでなく、世界萬國統治の義を含んで居つたから、その大御劒には世界萬國の地質が刻まれてあつた。そして其れに南北亞米利加も刻まれてあることは勿論の事である。

若しコロンブスが米大陸を創造したといふなら其の以前に米大陸は存在する筈はないが、彼が一千四百九十二年キユバ及ハイチ諸島を發見した時には其處には、既に土人の群が到るところに目撃されて居つたではないか。

尤も此等の土人は西班牙人から見たら蠻族に見たであらうが、そのために其の以前に米大陸に文化史が無かたと斷言するは妄である。何となれば大地變は幾度となく全地球を襲うて折角出來たバベル塔が跡形もなく破壞されたからである。

天日豊本黄人皇主神の御代に南米には赤人民王としてフラジルバラとヤルヘンチナチレの二人が任命され、又黄人民王としてエヒロコフラジルコとエヒロスメキヒルコの二人が任命された。同時に北米には黄人民王にはエヒロスカナアペラ及フイラデルフイアの二人、赤人民王にはエドユイヨイクル、サンノランイスコサンドサン、タコマウミ、エスキマルカス、ホイプオイト及リツトンブリヂン等の六人が任命されて居る、そして此等民王の名は其の地方の名稱となつて今日に及んだのである。

然るに米大陸の國名又は地名が、發見後和蘭語や、西班牙語や佛語や英語に改變されたことは言ふまでもないことで、其の通りに書かれた歴史や地理書を讀んだ頭で考へると、此等の地名は二三百年前にはマダ命名されてなかつたもの丶如くに思はれるのは當然ではあるが、實は土人の呼んで居つた地名を横文字に書いたに過ぎぬ。そして横文字に書く以上自國の固有名稱に成るべく近寄らして書いたのは勿論である。例へば和蘭人はエドユイヨイクルをアムステルダムと改稱したが。英國人は後にニユーヨルクと總稱した。要するに從來の短い歷史眼に拘束されては神代秘史は分らう筈はない。

三十三、阿弗利加は如何

阿弗利加といふと今でも恐ろしい蠻族が橫行して居るところのやうに考へてる人が多いが、アノ世界的神政復古を建築で豫言したピラミットは阿弗利加に在るではないか又其の先驅たるべき猶太人のシオン運動を彫刻で表現したスフヰンクスも阿弗利加に在るではないか。ヨシ金剛石が產出しなかつたとしても、ツウタンカンモンの墓が發掘されなかつたとしても、亦ツウタンカンモンの墓エヂプトの文明を打消すわけには行くまい。

假令エヂプト文明バビロン文明や、スメルアカド文明に及ばないとはいへ、希臘文明よりも遙かに年長であるならば、阿弗利加を駱駝と駝鳥の棲む沙漠の如くに思ふのは大きな誤りである。

實をいふと我太陽は歐羅巴より先に阿弗利加に輝いたのである。即ち天日豊本黃人皇主神の御代に左の諸士が任命された。

エヂプト方面 { ヌヒア / スーダンキネア

ヨハネスブルク方面 { トランスバイル / ナタル / キリマス

アビシニヤ方面 { コナクリ / フリイタウン / エヂフトカイ / スエスアカバ

右の内第一及第三の兩班は赤人族で、第二班であるそして其の系統は今も尙餘り混雜せずに殘つて居る。

而も阿弗利加といふ名稱は何處から來たかといふに、天日豊黃人皇主神の御兄弟に天支天夫利降尊といふ方が居られるので、此御名に因んでアフリカといふたのである。

ところが天御中主神以前の歷史が分らなかつた爲めに、神奈川縣の有名な大山に祀られてある阿夫利神社の祭神が不明であつたが、此記錄が出て始めて明らかになつた、即ち同山の祭神は阿弗利加の國祖神で此の大山には他にも面白い由來があるけれどもマダ發表するまでに準備が届いて居らぬ。

尙ほ阿弗利加には天日豊本黃人皇主神を始め、天御中主神以下歷代の天皇が巡幸せられたばかりでなく、赤人、靑人、黑人の國王又は代表者が來朝參賀して居る。殊に天御中主神の御代には、賊徒掃蕩のため萬國の代表者を召集して大命を降した。その時阿弗利加からは總代としてエヂプトガイ王が列座して居る。そして阿弗利加には何處の國の語であるか分らない古い名稱が澤山ある。そしてサハラ大沙漠の如きは誰が聞いても日本語(沙原)であることが分るであらう。それからアラビヤ人が汝をアンタ(男)といふが之が日本語で無くて何であらう。

三十四、太洋洲は如何

太陽は凡てを照らす。五大洲中如何に最小なるも太洋洲獨り皇土化せぬわけはない。

此大洋洲中最大の島であり、むしろ一個の大陸としても差支へなきほどの濠洲は、今を去る三百餘年前、即ち西暦千六百〇六年に歐羅巴人に發見されたので、それまでは一定の住宅も有たない蠻族が横行して居つたといふことである。

然るに我神代秘史に由ると、此濠太剌利洲はオイストと呼ばれて、此太洋洲方面には

赤人祖氏 { クインスントニアニ、ストラリアトレンス }

赤人民王 { パインタサクフ、トンキヒ、ヒネリオストラリア、ヒウケオストラリア }

右の如く諸王が任命されて居る。そして何れも天日豊本黄人皇王神の御代の事であるが、同天皇は阿弗利加巡幸より歸還の途次濠洲に巡幸せられた時黒人總代ハウライムタイ、ダイビ等來り拜禮したので夫々國司に任ぜられたとあるから、赤人ばかりで

なく黒人も亦相當に榮えて居つたものと思はれる。

それから遥かに降つて彦火火出見天皇が同地方へ巡幸せられた時には、五色人三千名メイトランに來り拜賀するとあるから已に各色人が雜居して居つたなどが分る。

又菲利賓島の方はどうであつたかといふと、アメンフリヒンマニラ姫命が同島に天降られたに因んで、同島をフリヒンマニラと名づけたとある。今では島をフイリピンと呼び都會をマニラと呼んで居るが、明かに此姫命の御名から來たのである。

而も此姫命は天照大日神、即ち太陽神の皇太子天日豐葦牙氣天皇の皇女で、萬國の國名は大抵此天日豐本葦牙氣天皇の御代に命名されたやうである。

併しながらオセアニアといふ名稱、即ち今の太洋洲といふ名稱は同天皇の皇孫女尾世安見安尊の御名に由つて命名されたといふ事である。

すると近代の學者は、オセアニアといふ固有名稱は英語のオーシヤン（太洋）から來たものではないかと冷笑するであらうが然らば英語のオーシヤンは何語から來たかといはゞ、拉丁語のオケアヌスから來て居るではないか。而も其のオケアヌスの意義が何であるか分らないので海の神と説明して居るではないか。それなら遥かに溯つて日本の一皇女の御名から由來したといふ方がよろしい。

斯くの如く秘史が展開されると六大洲は正に日本の皇領であつたので、夢のやうにも思はれるが深く考へると爾があるべき筈で、近き將來に天皇政治は必ず世界的に復活せられて、神代の再現を目擊することが出來ると信じられる。

三十五、アメリカの由來

アメリカがモンローの煙幕に隱れて居つた頃なら別に問題とするに及ばないが、世界の和戰權を勝手に掌握して、日中無理に星の光を輝かさうとして居る今日、アメリカといふ國名は一體誰が附けたのかを借問してい。

此由來は僅に百五十頁しか無い米國史では分らう筈は無いがされぱとて一千頁に滿たない歐羅巴史でも分らう筈もない。

傳說に由ると、千五百年の頃伊太利人アメリゴー・ヴエスピーシーなるものが南米を探檢し小說的の紀行文を書いたのが熾に讀者の感興を惹いたゝめに、誰いふとなく此新大陸をアメリカと呼ぶやうになつたとの事である。併し馬鹿らしい傳說で、コロンブスの晩年はドウであらうと、史上彼を以て米大陸の發見者なりと公認し居るならば、新大陸は必ずコロンビヤとでも命名すべきである。

然るに一出版物位に動かされてアメリカと命名したなどは餘りに突飛なことである。而もアメリゴーは本名でなく雅號であるそして彼の著書は南米に關したものであるなら北米の方には關係ないではないか。假令以太利人は之がためアメリカと呼んだとしても、和蘭人や西班牙までが之に共鳴する筈はない。

思ふに土人が旣に之をアメリカと呼んで居つて、久しい以前から北アメリカ、南アメリカの區別があつたことが分つたために、强ひて新に國名を附けなかつたものであらう、然らざれば發見者又は發見國が直ちに夫々命名した筈である。

而もアメリカの命名に關しては他に何等權威ある記錄がない際に、驚くべき哉、わが秘史には明かに左の如く記されてある。

天日奈多彥神在す所をヒナタエビロス國と名付け、天日受姫神在す所をヒウケエビロス國と名付く。

此兩神は天日豐本葦牙天皇及皇女で、ヒナタは南、ヒウケは北であるが、エビロスといふは外邦の事で、エビスと同意義であり、西班牙も古代にはエブルスと呼ばれて居つたので、今も其の名が河に殘つてゐるが、エブロ河がそれである。

然るに降つて神皇產靈天皇の後を承けられた宇摩志阿志牙備天皇が南米巡幸の砌り、アルヘンチナ、ブラジル及コロビンの三頭領が天皇を暗殺せんと計つたので、天皇親ら指にて三名を捻り殺された之を目擊した南北兩エビロスの土民等は戰慄し、五十名の總代を以て歸順の意を表し、口々にアメノリを連呼した、即ち天降りの意である。

爾來エビロスをアメノリと改めたのであつたが、西班牙の侵略と共に之をラテン化してアメリカと改めたのである。然らばアメリカとは元來日本語である。そして南北南米共に完全に皇領であつたことを忘れてならぬ。

三十六、萬世一系

萬世一系は地上如何なる國家にも許されず、唯獨り我日本にのみ許されたるもので、之ありてこそ神洲とも呼ばれ亦世界統治の使命をも承け居るのである。而も此萬世一系は日本國民に許されたものでなく、唯皇室にのみ許されたものであるから、萬世一系なくば皇室なく、皇室なくば萬世一系などをいふ必要が無くなるのである。

彼の神の選良を以て任ずる猶太人は、神より許されたる萬世一系の民族として奇蹟的存在を示してゐるが、わが皇室の萬世一系は之に比すれば幾百倍驚異に値ひする奇蹟といひうる。然り、全く奇蹟である、神爲である到底人爲の能くしうる限りのものではない。

假りに神武天皇以後をのみ計算するも殆ど二千六百年であるが少くも天照太神にまで溯ること幾十萬年であるか分らない更に天御中主神に溯れば幾百萬年にもなり、尚其の上に太陽神から起算すれば幾千萬年にもなるのであるが、わが皇室の萬世一系は即ち此の太陽神から繼續されたもので、眞に文字通り萬世一系である。

そこで天皇は日の御子に在し皇祚は天津日嗣である。借問す何處の國の歷史に此樣な驚異すべき事實があるか。

試みに眼前の事實を見よう。餘り露骨にいうても惡いやうだが、今日殘存する帝王國で最も長いのが一千年内外ではないか、而も日本のやうな歷代一系ではない。假に人爲的に系統を繼承せしめ得たとしても、其の王朝は必ず十代内外で覆へさるゝのである、恰も我幕府のやうに。そして驚くべきことは天日豐本黃人天皇の御代に天御光太陽貴王日人御神から左の如き神勅が降つたのである。

萬國天津日嗣天皇は汝一人に限る　汝の子孫億代極無代まで必ず一人に定む。

尙他に天皇を模する者あるも之を放任せよ、恐らくは數代にして滅亡すべし、との秘事をも洩らされてあるが、實際その通りである。

然らば天皇の萬世一系は唯一の世界統治者たることを立證するもので、日本一國の天皇でなく世界の天皇に在すことが分る。然るを如何に國史が不完全であつたからとはいへ、國家信仰から考へても天皇をエンペラーやカイゼルやザーや大統領や、パロと同列に取扱ふことは不逞といはねばならぬ。

然るに世界の國際協調を立つるがためには自國の正義は倒さねばならぬと公言した軍縮委員及び彼等を特派した政黨政治家等は國際あるを知つて國家あるを忘れて居るのである。否實をいへば彼等は日本を識るの明と信とを缺いで居るのである。

三十七、天津日嗣

棟梁の臣竹内宿禰の正系は國史上行方不明になつて居る。併し第六十六代の正裔が現存して、開化天皇の皇子彦大忍信親王以降茲に二千年の正しき系譜を綴つて居る。外國人から見れば斯くの如き長い系圖を有する家の存在は奇蹟のやうに思はれるであらうが日本では決して珍らしいことではない。要するに之は祖先崇拜から生み出さるるもので、彼のイスラエル民族間にも見受けられる事實である。然るに皇室の萬世一系は、唯に正系が千代に八千代に連綿と持續されたといふだけでなしに、更に其の系統が天津日嗣であるといふところに、絶大の尊嚴と絶對の權威が伴なふのである。嚴正にいふと一枝一葉悉く同じ根から生じて居やうに、萬國五色人凡て天津日嗣には相違ないが、枝葉如何に繁茂しても梢は唯一つである。

此梢が根に直屬する樹幹の正系で、他は閏系副系枝又は屬枝である。而して梢のみは枝ではない、常に幹である。又根に直屬するものは唯一の幹だけであると同樣に、萬世一系の皇室だけが天に直屬するのであるから、之を天津日嗣と申上げるのである。

由來、親子の關係だけが神爲であるから、之を斷つことは絶對不可能である。腹に臍の有らん限りは斷じて不可能である。

而して此臍は母體との連絡を立證するものであるが、日本は地球の臍で、天地の連絡は之で分る。併し父親との關係は肉眼以上の秘事であるから、物的證據は出難いけれども、不思議なことには、母親との關係よりも更に絶ち難い關係が、父親との間に結ばれて居るではないか。

そこで此神秘な關係をたどつて見ると、天の神を父神として仰ぐべき子の關係が地上に出現したことが何も不思議はないことになる。現に地上の森羅萬象は悉く之れ日光の變化でないか。

然らば神が人に權現さるるといふ位は當然のことであらねばならぬ。

そこで基督の神子說が成就した。彼は神の言の葉の權現である。そして日本は神の言の葉の權現である。基督を信ずる歐米人は亦日本の國を信ぜざるを得ないわけで、此國を統べらるる天皇は又、日神の權現なるを信ぜざるを得ないわけである。

改めて明言したい。わが皇祚は天津日嗣である以上、世界萬國萬民の皇祚であらねばならぬ。實に天に直屬する唯一の幹であり梢である。故に日の本と呼び又日の御子と唱へまつるのである。

三十八、宏壯なる皇太神宮

神代當時の皇太神宮は祭政萬般の執行機關であつたからでもあらうが、其規模の宏大なる驚くばかりである。

皇太神宮の造營は天日豊本葦牙氣天皇から始まつて居るが、其の後歴代の天皇は必ず少くも一度多きは數度新に神宮を造營せられた。之は都を遷されたためもあり、又御一代が餘り長いために改造の必要があつたためもある。

その詳細な様式についてはマダ十分に研究して居らぬが、其の外觀を略述すると、間口七百二十一尺、奥行六百六十一尺となつて居る。而して之は境内區域であるか、將た神殿敷地であるか判然しないが、高皇靈神に降ると之に前殿が付け加へられ左の如くになつて居る。

本殿（間口　七百二十一尺
　　（奥行　六百六十一尺
前殿（間口　千二百六十一尺
　　（奥行　八百八十一尺

之で見ると神殿建坪にも見えるが、何れにしても今の神社と違つて、境内に泉水や樹木などの必要なく、全部を祭政の用に供して居つたのであるから兎に角宏大なものであつたらしい。

彼の出雲大社は今では餘程小さくなつて居るが、むかしは可なり大規模のものであつた。そして太神宮に劣らざる建物といふ條件であつたのを見ると、古代の太神宮は非常に宏大なものであつたと思ふ。

それに、鵜萱葺不合天皇の古事からして、神宮などは小さなもので、丸太柱に萱葺屋根位に思ふて居る人が多いが、其建物は右の如く大きいばかりでなく、其結構亦壯麗のものであつたらしい。

一例を擧げると屋根はヒヒロガネであつたといふ。ヒヒロガネといふのは白金の事で天眞浦などが鍛へた神劍は悉く此ヒヒロガネであつた。そして此金屬は絶對永劫に風化しないものである。

であるから文書には神宮をヒヒロガネの殿ともいふてある。そして今の人間が夢にも見られない斯かる太神宮に日夜參拜して居つたのであるから、一寸八分のエンブダゴン製佛像位にビックリした當時の文化とは雲泥の差があつたのである。

ところがドウいふわけか豊雲根天皇の御代から本殿は間口三百六十一尺奥行三百七十二尺に縮小された。そして伊邪那伎天皇まで此寸法であつたが、天照太神の御代から間口六百六十一尺奥行七百二十一尺に復舊したのである。

斯かる宏壯な太神宮から天下萬國民の政治が行はれて居つたのに、今日迄の考古學者は當時を石器時代位に考へ、祖國の太陽の如き文化を全く否認してゐるのは如何にも淺ましいことである。

三十九、鳥居の由來

鳥居は神を祭るところには必ず無ければならぬもので、日本の神社にしか無いかといふに、シャムやハンガリーの民家にも見受けられバビロン文化史にも亦見受けられるもので、形式が變つてはゐるがイスラエル神殿にも亦見受けられる。そして古代バビロニヤ語では鳥居とは入口の事である。

然らば日本の鳥居はアジア方面から來たものかといふに全く反對である。

勿論鳥居は入口であるから、トリヰといふ語はバビロニヤ語らしく思はれるが實は初めから日本語で、字の通りに鳥の居るところであるが、鳥のために設けたものではなく、神殿への入口として設けたものに、便宜上鳥を止まらしたものらしい。

神宮大遷宮式を天皇親ら祭主となり萬國五色人參拜拜禮天下泰平を祈る、大神宮の四方ヒガシ、ヒニリ、ヒナタヒウケに鷄居る鳥居を造る。

之は面足日子天皇の御代に於ける記事であるが、何故に鷄を斯く優遇したかといふに古事記には、天照太神が天岩戸に隱れ給ふた時に、高皇産靈神の子思金神の考案で數多の鷄を集めて鳴かせた事が錄されてある。即ち鷄は黎明を報じ、時を告げると共に、方位を示し又吉凶禍福を豫報するといふので祭典などに特に用ひられたものらしい。

今でも風見なとに鷄の形を附けて置くところがあり、耶蘇敎會堂にも同じく鷄を附けた所がある。之は少し意味が違つてるが要するに警醒の義で用ひられてゐる。

イスラエル人は鷄は晝の鳥、蝙蝠は夜の鳥といふて鷄を尊重する習慣があつたが、之はペルシャから學んだ外來思想である。元來パレスチナには鷄は居なかつたもので印度は鷄の原產地と彼等は信じて居つた。

ペルシャでは特に鷄を神鳥として居つたが猶太人のタルムツトの中にも同樣の思想が散見され、猶太人は異敎徒に鷄を賣ることを禁じられて居る。

それから希臘神話には日の神に奉仕する鳳凰の羽ばたきに鷄は眼をさまし時をつくり、人を呼び起すとあり、聖書の列王記にあるネルガルといふ偶像は一說に鷄なりとの事であるばかりか猶太人の夜半の祝詞には『世界の主なる神は讃むべき哉、爾は夜と晝との境を知るべく鷄を與へたまへり』とある。

そして何れも日の神の奉仕者の如くに鷄を取扱つてゐる。

然らば東西南北の神門上に此神鳥が止まつて居つたため鳥居といふことは正しき理由のあることといはねばならぬ。

四十、五色人の順序

太陽の光線が七色に分析されるやうに地上の太陽民族は五色に分殖された。

己に述べた通り此五色は赤黒青白黄で、人間の皮膚色で斯く定めたものである。

そして何色人が一番先に生れ出たかといふに、直系である黄色人であることは明らかであるが、其後如何なる順で生れ出でたかはハッキリしない。併し系圖に由ると

天竺萬山黑人民王

アダムイブヒ赤人女祖氏

バンコクムス白人祖民王

アンナムバノイ青人民王

の順になつて居るから、假りに之に従つて文化史をたどつて見ると如何にも成程と思はれるやうである。

併し五色の順序が一定されて居つたかドウかは確なる記錄がマダ見當らぬが、高皇

産霊天皇が、天津日嗣高御座祭典を執行せられた時の記事中に左の如きことがある。

日像形付黄旗を中央に立て、ヒウケの方黒人尊者男女三十六名紫幣旗を立て、ヒガシの方青人民王三十六名青幣旗を立て、ヒナタの赤人民王三十六名赤幣旗を立て、ヒニリの方白人民王三十六名白幣旗を立て、天皇親ら祭主となり、天日神に杯を奉る。

此配列は東西南北の順でもなければ、亦前に述べた順でもないが、能く見ると大に意義のあることで、東天には青の神威、南天に赤の勇武西天には白の平和、北天には黒の忠節を示し中央の黄は即ち正義公道であるから一日中の太陽に因んで天皇政治の運行が能く會得される。

そこで此五色人は自然に此配置を以て自己の使命天職と心得てか、それが第二の天性となつて今日彼等は自づから此天性を發揮して居る。

然らば今日の國際場裡でアルフアベット順で國の席次を定めてるのは全く違法である。アレは歐米尊重の風で、決して國際の儀禮ではない。よろしく五色人の色別に由るべきであるが、今日の國家は各種の民族を國民として居るばかりでなく、主權者必ずしも國家の絶對的代表ともいへぬので、其の國稱に由るより外に仕方がない。

そこで本來からいふと日の國のヒフミ順で定むべきもので、日本は絶對國であるから列國と席を同うすべきものでない、日の國としてヒフミ順で首席に就くのが當然である。

太陽が中央にある間は戰爭である。平和は太陽が西に沒する時に現れるもので、其の前に平和を叫ぶのは神政復古の裏切者である。況や自由平等民權國際平和などを唱ふるが如きは皇視民の大使命を忘れた不逞の放論なりといふべきである。

四十一、逆賊討伐

太陽は一視同仁である。といふて慈悲一方ではない。其光と其熱との力で非衛生的の物を燒き殺して止まない。

彼のエルサレム城のやうな不潔極まる處に何が故に惡疫が流行しないかといふに、强烈な日光で消毒されるからである。

日の御子亦一視同仁である。けれども其の神威は逆賊の存在を容赦せぬ。故に天皇政治は帝王の仁政のやうなものではない。一方に天佑あり他方に天誅ある如く、正を正とし邪を邪として謬らないのである。

近來の傾向として罪人が反つて優遇さるるやうになり、囚徒には晝寢の時間があるが看守は夜も碌に眠れない有樣である。そして死刑といふものが癈止に傾いて來た。併し之はデモクラシイ中毒の結果で、人間の論落を告白したものである。

元來一視同仁といふ語は忠臣も逆賊も同一に取扱ふといふことではない。又良民も囚徒も同樣に待遇することではない忠臣は忠臣の如く逆賊はは逆賊の如く良民は良民の如く囚徒は囚徒の如く差別待遇するところに一視同仁の意義が現はれるのである。

そこで正しき政治が行はれるほど賞罰が明らかになる。然るにデモクラシイは天地の公道に由らず、多數黨の力で行くから公正は絶對に行はれない。從つて敵黨の選擧違反は血眼になつて檢擧するが、國法の罪人に文敎を任じて平氣で居る。否國體に逆行する政見を振り廻して得々として居る。若し天誅一度び降らば此輩直ちに極刑に附せらるべきものである。

道鏡は逆賊であつた。今日の團體的道鏡は何故に逆賊として天誅を受けないか。それは日の光りが直射せぬからである。

今神代秘史を見ると賞罰は極て明かで逆賊性の者は少しも容赦なく處分された。天御中主神は皇族大臣百官を始め、五色人王支那黃人盤唐王氏。天竺ハルマス王役者、クインスランド黑人王氏、オストセアランド赤人民王、アンアラ人アフリカユイコレカナム民王、アジアトントンキンナム民王、アフリエスーダンキネア祖氏、ヨモツ國トランスヴアイル白人氏、ヨモツヨハネスアナタル靑人氏、ヒナタエピロスブラジルベラ民王、イビロスメキヒルコ民王、ヒウイケピロスニドユクルバミ赤人民王、イビロスエスキマルカス民王、アフリエジフトカイ民王等を召集し、萬國擧つて叛逆の徒を掃蕩すべきことを嚴命せられた。

然るに今や逆徒は橫行し、忠良は虐げられてゐる。之で王政が復古したと誰が思へるか況や神政に於ておやである。更に見よ。世界の逆賊が口癖に平和を高唱するを。

四十二、天には蜃氣樓

大地の底で鯰が寢返りをすると地震になると信じた昔でも、震源地は何處と科學的に説明する今でも、地震の恐ろしさには少しも變りがないと同じで、科學が進めば神風が吹かくなくなるかといふに、天佑も天誅も依然として、むかしながらに實現されてゐる。

關東大震災の震源地と其の理由が分つたからとて、二十萬の亡魂は生き返るわけではない。そこに科學を離れて天佑とか天誅とかいふものが付き添ふて居るのである。

虹の現れるわけは誰でも知つて居る。併し其の雄大壯麗な姿を見せられると、雨が霽れたといふいふ望みと悦びだけでなく、之を詩化して天の浮橋と呼び、洩れ來る音樂に耳を澄ましたくなるのが人の美しい本性だ。

法外の法、理外の理之れなくば人は野獸化又は器械化せねばならぬ。之れありて始めて人は神智靈覺に向上し神我を造りたまへりと大悟するのである。

春から夏にかけて、北陸の魚津海岸に出で、遙かに沖合の空を眺めると奇々妙々の光景を見ることがある。俗にいふ蛤の夢で、即ち蜃氣樓である。

蜃氣樓が如何にして現はれるかは之れ亦誰でも知つてゐるが花火が上つても玉屋とか鍵屋とか云ひたくなる其の心地で、此蜃氣樓に對し何か感想を有つて見たい。凡て世の中の事物を二二ヶ四と見るのは死んだ學問で生きた學問は信仰眼でなければ修められないものである。

天御中主天皇が世界萬國に令して大蛇即逆賊討伐を徹底的に行はれた。その時日本に於ても其首領四十九名を斬罪したが、之と共に兇惡の徒ばかりでなく猛獸害虫等も退治されたのであつた。

此時の騷動の阿鼻叫喚が今も越中の或所に殘つて、時々人々を驚かすといふことであるが、其時の光景が今も尙空中に現はれるのであると秘史に見える。

大蛇盜賊首領四十九名を斬殺し毒蟲猛獸を退治す、其の號び聲今に至るも聞え又西海の空に年に幾度となく戰爭の樣萬國の圖紋人形山川船旗等顯はる。

彗星が果して天災地變を前兆するか否やは知らぬが、虹を見てノアの洪水を思ひ、蜃氣樓を見て逆賊退治を考へて見ることは、ボンヤリ見物するよりは遙かに賢明な見方である。

然らば逆費横行の今日、此蜃氣樓は何を我等に敎へつつあるかを曉るべきではあるまいか。

四十三、海には龍燈

龍燈といふものは狐火又は不知火の類のものであるがドウかは能く分らぬが、常磐線から、東北本線郡山へ通ずる鐵道に赤井といふ驛がある。平驛の次驛になつて居るが、鮭の人工孵化所として名高い夏井川は東に添ふて流れて居り、標高二千三百尺の赤井ヶ嶽は西の方に聳えて居る。

山上には赤井嶽藥師があり、境内幽邃を極め展望絶好の所であるが、毎年夏秋の頃に此山上から夏井川の河口を望むと、無數の火影が海中から現はれ出で川を溯るのを目撃する。之が即ち龍燈で、土地の人々は御龍燈と呼んでゐる。

此龍燃にはマダ權威ある解説はない。最近某中學の一教諭が新らしい説明を試みたが、事實は何處までも奇であり妙であり不思議である。

そして蜃氣樓と同樣、出現すべき理窟は假令判然したところが之を目撃したものには一種の恐ろしい神秘味に打たれるといふことである。之は夜分でもあり山上でもあり社前でもあるからであらうが、恰も龍宮から龍が跳り出たかの如く思はれて龍燈と呼んだのである。

この龍燈は何時の頃から現れたものかは今日まで何人も知り得なかつたもので、又何故に現れるものかは固より知る人は無かつたのである。ところが左の如き記事が之を説明して居る。

彦火火出見天皇の御代

詔して道路奥矢大臣山南方山に大宮造り遷都萬機を親裁す和多都見豐玉彦命より龍燈を献上億代に及ぶべし故にアカリイエといひ、後アカキと改む。

初代鵜草葺不合天皇の御代

天皇（鵜草葺不合第一代）琉球宮より光井の岳大宮に遷都萬機親裁す琉球宮和多都豐玉彦命より永久龍燈を献上す。

第三代鵜草葺不合天皇の御代

眞白玉眞輝彦天皇即位千百五十年イヤヨ月立一日詔して道路奥ヒナタ磐城神籠石豊玉彦姫命より天日天皇へ龍燈を捧ぐ、此處をアカリヰといふ後改めてアカキ嶽天皇城と稱す然らば龍燈は何萬年前からの年中行事で赤井嶽の由來や龍燈の説明が之で十分と思ふ。

そして同地方には神籠石が今も現存し、皇都の遺跡も有りとすれば、龍燈に關しては此記錄は絶對の權威を有して居るものと云はねばならず、龍燈の由來も右以上のものの有りうる道理は無いのである。

四十四、山には夜光の珠

空には蜃氣樓の異象が現れ、海には龍燈の怪光が跳り出す。何れも時節を限つてのものであるが、茲に此外に必ず毎夜出現するものがある。

所は神代時代の神都所在地越中富山の東南方に神嚴犯すべからざるの靈容を仰がしむるトトの山、卽ち今の立山には、何時の世よりか毎夜神燈が山上に輝くのである。之が敬神家の熱誠なる仕業であるならば、唯感心させられるが別に不思議とするに足らぬ。併し標高正に一萬尺の峻嶮を冒して態々點燈のために登山する人はあるまい、又其の志は有つてもソハ出來得ないことである假令黑部川上流には發電所があつても、電燈が設備されたことを聞きもせず、又此怪光は電燈などゝ沒交渉の幾千年前からの事である。

ところで此不思議の謎を解かんとして幾人幾十人或は幾百人が試みたことであらうが、今日迄遂に何人も解き得なかつた。中には山の主である白龍の眼が輝くのでないかと眞劍に言ひ張るものもあつたが、それなら二つ無ければならぬ。尤も太神宮の赤池に棲んで居つた魚類は、凡て片目であつたから白龍もサウかもしれぬが、然らば其燈明は動きさうなものではないか。

然るに秘史には彦火々出見天皇の御代に豊玉彦命が赤池白龍神夜光の珠を天皇に献上し、天皇は之を父ノ山サッ妙、兆妙燈（九字原文の儘）と呼ばれ、其の妙燈守を任命されたことが見える。すると此神燈は約三萬年以前からのものとなる。

事實は巳に事實であるが、然らば其の正體は何であるかゞ疑問である。そして此の疑問を抱いて白晝登山しても何も發見し得なかつたのである。

話に依れば、往年北海道の奥の川に毎夜怪しき光り物が出て而も二つならんでゐるといふので、川底の土の眼であらうと信じ何人も近寄らなかつたのを、某冒險家が夜中此の深淵に飛び込んで之を生捕したところが實に稀有の大ダイヤモンドであつたから、早速之を献上した。そして其れは今でも帝室博物館に藏められてあるとか聞いたが、此神燈も多分ダイヤモンドかラヂウムのやうな夜光珠ではあるまいかと思はれる、それに記錄には夜光玉石寶守ともあるから無論夜光の珠であると信ずる。

若し之を夜光の珠であるとすれば、神代當時は、今日の學者等が簡單に取扱ふやうな半開無文の時代ではなく、今日の科學が容喙されぬほど完全に進歩した文化時代であつたことゝ信ぜざるを得ない。即ち今の文化は理の文化で、神代の文化は理外の文化であつたと言ひ得るのである。

而も此神嚴な山脈を日本アルプスなどゝ呼んで居る人の國民性が淺ましい。是非立山連峰と呼びたいのである。

四十五、國史即國寶

今でこそ本といふものゝ値打は非常に下落して、座を正して讀まねばならぬやうなものは殆ど無いといふて差支へないほど數限りなく出版されるが、むかしは本といへば唯僅かは一冊であつた。であるから西の方では本といへはバイブルの事をいふたもので、バイブルの外には本が無かつた。ヨシあつても本として取扱はなかつたのである。

神代當時には本と稱すべきものは少しも無かつた。たゞ一枚一枚の紙に記されたもので、今のやうに綴つてはなかつたらしい。

そして國史が本として現はれ始めたのは遠く天日豐本葦牙氣天皇の御代に始めて文字が制定された頃に始まつたものではあらうが、國史として綴られたのは天御中主男天皇の御代の事である。記に曰く。

天皇詔シテ開闢前天地身體内大根本神元無極體主國人神依天之御中主男天皇ニ至ル萬國家修理成ル

元無極體主王大神依リ天之御中主男天皇迄ノ歷史ヲ作ル

天皇自身歷史ヲ天越根中大日見國光池上神明人祖一神宮ノ神體靈奉納

神代當時は歷史即ち國史を以て天津日嗣を立證すべき唯一の國寶となし、右の如く之を太神宮の神體の一とし祭もつたものであるから、國史は絕對無二のもので、寫本も抄本も許されなかつた。

之は印刷機械が無かつたからなどゝ思ふ人もあらうが、國史は神寶で、凡俗が勝手に拜見し得べきものではなかつた。

言ふまでもなく國史は國の系圖で、國の生魂ともいふべきものである。殊に日本のやうな國體では尙更の事であるから、歴代の天皇が之に書き加へらるる外、文字の修正も許されなかつたほど神聖侵すべからざるものであつたから、歴代神主の口から民衆の耳に傳へるるだけのものであつた。

而して國民信仰が自然に作成されたもので歴史を一學科とするが如きは當時の人の夢にも想はなかつたものである。

このために歴史を複製する必要は更に無かつた爲めに、約一千四百年前、仁賢天皇の頃までは絕對的神寶であつたが、支那化及佛敎渡來で、國史湮滅運動といふ不逞極まる運動が始まつた爲に、勅命に由つて神主平群眞鳥が己むを得ず、數葉抄本を作らしたのである。

しかも正本は今日まで遂に神寶として竹内家の人々に由つて隱匿されたのであつた國史湮滅運動何といふ不逞であらう。併し今日の國體破壞運動は之に百倍する叛逆である。但此正本が濁世の一角を破つて天空に輝く時、一切の問題は自づから氷解さるのである。

四十六、天日球の國

神代秘史に屢々見受けられる日球又は土球といふは、日球は太陽で、土球は地球のことであるのは誰にでも分るが、此日球と自由に交通があつたこと讀み來ると大きな疑問が起らざるを得ない。

土球人祖ノ神始メテ日球ノ國依リ。天降リ天日球神國へ神避リマセル所

天皇皇子一族日球ノ國依リ天降リ。

天之御中主男天皇トトノ山ヨリ天日球ノ國へ神歸坐リ。

天相合美身光天皇奇日根國見山依リ天日球若宮へ神歸坐ル天照皇太神怒ラシテ天ニ昇リ日球國ノ磐屋ニ隱れ萬國の政治常闇トナル。

右のやうに、或は日球の國より又或は日球の國へ天皇が去來されたことを事實とすれば、其の日球の國とは一體何處に在つたものであるか。マサカ何人も太陽のことと

は承認されぬであらう。

勿論、先に述べた如く、日本は日の本の國であるから地上の太陽國と考へて差支はないが、右の明文を見ると別に日球國といふものが存在して居るやうである。そして夫は太陽でもなく又日本でもないやうであるが、然らば日本の國内に別に存在して居るものか、將た外國に別在して居るものかを明かにせねばならぬ。

若し外國に別在して居るとすると、日本を日の國と呼び又は地上の太陽國と呼ぶのは變になつて來る。それなら國内に在るとするより外にないが、果して何處に在るのであるか。それとも斯かる史實を全然非認するか甚だ困つたことになつた。

併し自己の見地に立つて此等の史實を非認するよりも、此等の史實に立脚して信仰眼をパッと開くと。思はないところに眼界が擴がつて行くものである。

原文には何と書いてあつたか調査しては居らぬが、日球とは意譯でなく當字であることは申すまでもないので、原文にはヒキウと有つたとは思はれない。そこで之をヒタマと讀んで見る無論ヒタマの當字であらう。

ヒタマと讀むと面白くなつて來る。何なればヒタマといふ國があるからである。何處にあるかといふに越中のスグ南隣に飛驒があるではないか。之は今日ではヒダと讀んでは居るが之もヒダマの當字でヒダと讀む方が間違つて居るので、日球も飛驒も同じ地方名であることが分る。

そこで飛驒といふと今日では最も開けない所のやうに思はれてるが、神代當時の飛驒は正に日球の國であつたのである。その理由は次に逃べる事にする。

四十七、日球との交通

日球が太陽であれば如何に神通力があつても自由の交通は一寸疑問になるが、飛驒であれば何の不思議も無いわけである。

ところが飛驒といふ地方は海との接觸が全く無いところで日本でも珍らしい山國である。そして昭和の今日でもマダ高山線が開通して居らぬほど、それだけ山國でもあり、亦流行遲れし地方ともいへる。そして飛驒の地勢は恰もパレステナのエルサレムを大きくしたやうなもので流行遲れといはれるほど俗界を超越した神々しい姿が現はれて居るのである。

アノ足跡未だ印せられざる原始林や神仙境に太古の淸々しい空氣を呼吸すると、神通川に船を浮べられた天照皇太神の神々しい聖姿が髣髴されるではないか。

其の頃の神通川は今日とは丸で異つて居つたもで、葺不合第六十九代天皇の御代までは神通川は自由に船で上下することが出來るほど緩流であつた。少くも富山までは船楫の便があつたために、國常立天皇は飛驒の位山に神部を奠めらた、天御中主天皇は御中美皇后と共に飛驒にて昇天せられ、天相合美男光天皇亦同所の新殿にて崩御せられ、又天照皇大神は位山大宮を出で、船津から此川を降つて越中の皇祖皇太神宮を復興され、萬國五色人の王八十五名を從へ素盞嗚尊を副祭主に任じ大遷宮祭を執行された事がある。

今日から見れば到底信じ得られないことではあるが、船津が船の發着場であつたことは明かであり、又神通川の名の由來が右の理由で始めて明かになつた事を考へると、北越方面の陥落説はドウしても動かすことが出來なくなるのである。

此飛驒の國の一の宮として知られて居る水無神社は、國幣小社ではあるが祭神は水無神（ミナシ）とあるだけで、御事蹟系統は不詳である。そればかりではない、位山、辻山を始め、高山附近の神代事蹟を捜査したら驚くべきものが續々發見されるであらうが、兎に角、天照皇太神は此日球の國で誕生せられ、越根日見日高見の皇祖皇太神宮再建、即ち建國の基礎をさだめ給ふて後、歸還せられたのである。

又天の岩屋隱れも實は日球の國に歸還せられたことで、富山は祭政所、高山は御所であつた。

カフエーやジヤズやダンスに耽溺して居る半獸生活から見れば、近次流行の登山熱は大に稱揚すべきであるが、價値の少い科學的登山だけでなく、更に神代史研究の信仰眼で山谷を跋渉するやうにしたいものである。此意味で『飛驒から越中へ』の研究題を提供する。

四十八、太神宮の御神體

神代當時、太神宮の御神靈は何であつたか、申すも畏きことではあるが、其の頃の太神宮は萬國棟梁一天神人祖一神宮、即ちヨロヅクニオムヤアマツカミクヱツカミハジメタマシヒタマヤと申上げたやうに太神宮はタムシヒタマヤで在つたから、御神體として第一に奉安されたのは關係天皇の御遺骨であつた。

天地萬國五色人ノ大根元祖天日豐本葦牙氣皇神天皇ノ頭骨體骨以テ頭形印身體象形二十四神體造リ神代文字ヲ以テ上代神名ヲ堀付テ神體ト定ム

世に之以上尊い御神體が有らうか。歐米の虚僞宗敎に惑溺した者は、物體を拜むと直ぐに偶像禮拜と擯斥するが偶像といふは絶對神以外の對象物を指したもので、絶對神に對しては如何なる形體を以てするも偶像ではない。

譬へば天皇に對して、御眞影であつても、勅語であつても、御親筆であつても、又御紋章であつても、之を天皇として崇拜することに於て何の差支へはないが天皇に何等關係なき物は如何に貴重なものであつても之を天皇としての對象的とは出來ぬ、何故なれば其は偶像であるからである。

太神宮の御神體も亦然りで、太神宮に關係なき佛像や聖書は偶像であるが、神宮の如きは固より偶像ではない。要するに偶像といふは拜すべからざる物の形を偶像といふのであるから、日本人が、否萬國人が太陽を拜んでも夫は偶像禮拜にはならない、併し後世人が造り出した宗敎的對象物は悉く偶像であることを忘れてはならぬ。

要するに偶像は二心あるときに現はれるものと思ふてよろしい。

其の後歷代天皇の神靈が御神體として追加されたことは無論であるが、降つて天御中主天皇の御代に、前に述べた如く圀史が御神體の一に加へられた。次いで萬國地圖も亦加へられた。

更に降つて宇麻志阿志訶備天皇の御代に神劍が奉納され、宇比地煑身天皇の御代に神鏡四面析鈴五十一及神劍等が奉納され梭に天照皇太神の御代に三種の神器が奉納されたが、大斗能地王天皇、伊邪那岐天皇の御代にも神劍が奉納され、葺不合初代天皇の御代には金屬製御紋章、又後に至り即位式用神籬立瓶が奉納された。そして此等は何れも貴重此上なく、又世界統治上缺くべからざるものであつた。古文書に十種の神器とあるのは右の御神體を稱したものではあるまいか。而して當時の即位式毎に、萬國王亦參賀し此御神體の前に最敬禮を捧げたのであつた。近づきつつある世界的神政復古は、即ち我神代の復古に過ぎないのである。

四十九、世界照覽の神鏡

天照皇太神天の岩屋隱れ事變を溯ること、六代以前、即ち國常立天皇の皇孫に當らるる宇比地煮天皇の御代に、皇子大斗能地尊が、カカコノ山のヒヒイロカネを採りて圓鏡八咫鏡二面を造り、銅を採りて圓鏡八咫鏡を造り、鐵を採りて圓鏡八咫鏡を造り云々と錄されてあるが無論此神鏡六面は當時の太神宮に神體として奉納せられたのである。

而して當時の神鏡は原則として二面を調製せらるるのであつた。之は一面は圓鏡で太陽を示し、他の一面は八咫鏡で太陰を示したのである。そして此二面相合して世界萬國照覽の意義が完うせられるのである。

然るに大斗能地尊が作製された神鏡は三組あつて、甲組は白金製、乙組は銅製、丙組は鐵製であるから、今日若し此神鏡が現存してゐるとすると、丙組は勿論見るかげもなく其の原形を失ひ乙組といへども恐らくは漸く其の形ちが殘り居る位のものであらうが、甲組は何等異狀なく太古の儘の神容を發揮し居る筈である。若しコンナ神鏡が現存してゐるとせば、建國者を南洋渡來の未開人とか、石器時代の半開人とか放言妄說して居る今の學者等は何といふて世間に其の罪を謝すであらうか、ところが伊勢內宮に奉安さるる神鏡は我々臣民の拜觀しうべきものではなく、又何等忖度を許さるべき事ではないが、其の遙か以前に作製された右三組神鏡を拜觀したならば、歐米物質文化を禮讃して居る人々必ずや慚死するであらうと思はるるほど、今日の文化では判斷し得ぬ冶金術があつたやうに窺はれるのである。

過般上野の帝室博物館で劍璽鏡特別展覽會が開かれたが、此神鏡を拜觀した者の眼には一點として一顧の値あるものがなかつたのである。幾十百の古鏡悉く支那渡來又は支那模倣のものばかりであつた、アンナ安價な骨董品を陳列して、而も三種の神器に因んだ名稱を附し、如何にも神器は支那渡來のものなりと暗示した當事者の心情が恨めしかつた。

拜せよ、此神鏡、少くも五萬年以前に作られた此神鏡、一點の銹なく、一抹の曇なく、明煌々といはんよりは、天地神明に照覽さるるが如き稜威の放射を感せしむる此神鏡何人といへども『之に生命あり』と驚嘆せざるを得ないであらう。

伊勢内宮の神鏡は古事記にある如く『此鏡を我魂として吾を敬ふがごとく崇め奉れ』と天照皇太神の御宣旨があつた事であるから、神鏡は要するに世界照覽を象られたもので、而も二面一組となつて居るところに、深長の意義が含まれて居るのである。

五十、萬國統治の神劍

神劒も神鏡同樣に大斗能地尊が作られたもので、同じやうな神劍が阿夜訶志古泥天皇及伊邪那岐天皇の御代にも作られたが何れも靑生生魂(アボイタカラ)と申上げた。アボイタカラとは永久に生きて居るといふわけで、十年で銹び、百年で腐れ、千年で質を失ひ、萬年で形を失ふやうなものでなく、幾萬年を經ても少しも風化しないものである。

であるから一寸拜觀すると餘りに新らし過ぎるやうに思はれるが、金屬が何であるかが分ると成程とうなづかれる。

此神鏡や神劒の材料となつたヒヒイロカネといふのは一體ドンナ金屬であるかといふに、白金に酷似したもので、白金と同じきものとする說もあるが、兎に角白金と同等或は以上のもので光白金とでも言ふたらよからうと思ふが、ヒヒイロカネ卽ち日のやうな白金といふのである。

秘史には何億代も腐らずとある通り、事實時間を知らぬ金屬であるが、何處から斯かる金屬を採掘したかといふとカカコノ山からと書いてある。

カカコノ山とは曾て耳にしたことのない山であるが、宇比地煮天皇の神都は今の上野國地藏山上に在つたことから考へるとカカコノ山といふのは足尾銅山か、又は其の附近の山であつたと思ふ。

そして此ヒヒイロカネは元素であるか、又は合金かは專門家の研究に任せるが、何れにしても當時の採鑛冶金術が今日よりも遙かに、進んで居つたことが分るのに、學者等は支那文化渡來前日本に文化なしと極めて置く邪癖があつて、わが神代を石器時代として取扱つて居る。だから噓のやうな話だが、或知名の考古博士が、或古墳を掘つたところが中から思ひがけなく銅器が出たので、ビックリして埋めてしまつたといふ事である。コンナ不逞學徒が最高學府を横領して居る間は、わが神代は復活に苦むのである。

余は斯かる似而非學者に何等の參考を提供せぬ。唯忠誠の血脈尙存する天孫民族に事實を說明する。

此神劒は長さ四尺三寸、巾數寸の兩刄で、アヒル文字を以て陰陽二樣に神名を刻み更に萬國略圖が刻まれて居る。申す迄もなく神代天皇の即位式の御用で、萬國統治を天下萬民に宣明せられたものに外ならない。如何に有難き神寶ではないか。

然るに專門學者は實物を拜觀せずして、直ちに此等の神鏡神劒を後世の僞作なりと妄斷したのである。正に國史湮滅以上、國體抹殺の大逆ではないか。

今日でさへ電氣の力で漸く加工して居る白金を、數萬年前ドウして加工が出來たか。又其の原料ヒヒイロカネを何處で求め得たか。以て當時の文化が如何に進んで居つたか分るであらう。

五十一、日月運行の神璽

神璽といふと三種の神器全體を稱したことにもなるが、此處では單に曲玉のみの意味で述べる。

即ち神器の一である八咫の曲玉は、元來一個のものでなく多數連續した頸飾であるやうに考へられるが、其頸飾は唯裝飾に過ぎぬものか、それとも他に特殊の意義が默示されて居るかゞ明かでなかつた。

此曲玉は古事記には八尺と書いてあるが、一個の曲玉が八尺あるわけはないから勿論連續したものであることは疑ひない。併し、それにしても八尺は長過ぎるやうであるが、秘史に據れば左の如き深い意義が示されて居る。

申すまでもなく此神璽は天皇御一人の外何者も佩用する能はざるものではあるが、若し臣下が佩用したとすれば、それは略式のものを模造して所謂叙勳の意味で下賜せられたものであらう。今日の大勳位は多分之を踏襲したものと思はれる。

そこで本式の神璽の様式を拜承すると、三百六十五個の珠玉が頸輪を成して居るから、一つが二分大のものとすると七尺餘にある。

そして此頸輪は一年を示したもので、其間にある十個の曲玉が十二ケ月を示し、四個の赤は大玉は四季を示し、頸部に當る鼠色の大玉は北斗星胸部に當る同色の大玉は地球を示し、地球玉の左右にある赤玉は、右は日で、左は月で、又地球玉の下位に青赤黃白黑の五色大玉が下つて居るが、之は世界五色人即ち萬國萬民を示したものである。

次ぎに略式のものは三百六十五の代りに七十二の玉で頸輪が出來て居るが、此七十二といいふ數は即ち七十二候（一候は五日）に當るから、何れにしても此神璽は日月の運行と萬民皇化の大義を意味したもので、日の御子の意義が徹底的に明かにされたものである。

此外玉一つ毎に意義があるが、兎に角以上述べた大要だけで十分と思ふ。

斯くの如く重大深遠な意義が三種の神器に秘められて居る事が分ると、如何に日本が神の秘藏國であるかが分るであらふと思ふ。

然るに今日までは三種の神器を以て唯智仁勇の象徴位にしか説明が出來なかつたが、以上の如く闡明されて見ると始めて靑天に白日を仰ぐが如き神姫津々の感に打たれるのである。

ア、高天原の神殿高く日に輝きて不滅の光を放つところ、八弦に飜へる五色の旗風歌ふところ、人乎、非ず、神の聖姿を羽衣に包み給ひ、御頸には神璽を垂れ、御胸には神鏡を掛けさせられたる天疎日向津媛天皇（天照皇太神）が、萬國萬民を代表して參賀せる大群集の頭上に電光の如く振り給へる神劍の閃きを描き來りて感無量。

五十二、歌舞音曲

デモクラシイの藝術は自己の享樂を目的とするのであるから最後にジャスとか裸ダンスとか裸體畫像とか淫猥文學に墮落するのは當然であるが、テオクラシイの藝術は神祇の崇敬を目的とするのであるから發達するほど神化されるのである。

往年建國覇業と題して中村不折畫伯が苦心の大作を文展に出して異常な好評を博したことがあつたが、其を見ると建國者等は男も女も皆全く裸體で、南洋土人其まゝであつた。然るに甲を被つたり　刀を佩いたり鎗を持つたりして居る。何といふ馬鹿らしい畫だらう又今年の帝展に木花咲耶姫が花咲き亂るゝ芝生に、僅に輕羅をまとひ、素足を投げて居らるゝ畫があつたが、何れモデルは何處かの女給だらうが何といふ下劣な繪だらう。神代の空氣は今のペンキ畫家に分らう筈はないが、せめて風俗や服裝だけでも事實を描き出すべきではないか。然るにアノ服裝は何であるか。矢張り藝術家も神代當時を南洋の土人位に考へてるらしい。但し畫家は十二分に專門家に質して研究したのであらうから、此過失は史家に歸すべきものである。

從つて神代の歌舞音曲といふても、極めて單調笛とシバ笛とか或は素焼きのやうなものを擊つ位にしか考へられてなかつたが、今秘史に傳へられた樂器を調べて見ると左の如くである。

太皷、篳篥、横笛、笙、琴、琵琶、尺八、鈴、鰐口、寳螺貝、銅羅、拆鈴

此等の樂器は巳に天御中主天皇の御代に使用されて居つた。無論其の外形に多少の變りはあつたのであらうが、此等の樂器は主として國家の大禮時に用ひられたやうで、歌舞の伴奏であつたか、歌舞は奏樂の助演であつたかは判然せぬが、歌舞音曲共に一意神明奉仕のもので、而も形式に捉はれた陰氣なものではなく、先づ神樂囃しとか盆踊りのやうな陽氣なものであつたらしい。

そして遷宮祭とか、即位式とかいふ大典には幾百幾千の大演舞が行はれたことは珍

らしくなかつた。

若し夫れ個人として參拜するが如き場合、即ち樂器は歌舞に由らざる場合には例の拍手が代用されるのである。

拍手は一の音樂で、今日では一般に二拍手が用ひられて居るけれども、此拍手の數は太陽の光りに因んだものであるから、少くも四拍手でなければならぬ。むかしは四拍手、八拍手、十六拍手、或は八十拍手、百六十拍手などもあつた。即ち太陽が世界を照らす光線の數は最少限四條（東西南北又は上下左右）で代表されるが、二條や三條では不可能であるから、拍手は二つや三つでは意義がない。少くも四拍手理想をいへば十六拍手とすべきである。

歌舞音曲は斯くも發達して居たからこそ、後世素盞鳴命の八雲歌も史上に現はれたもので、之を以て三十一文字の元祖の如く思ふのは誤つて居る。古事記を見ても此當時如何に詩歌が進んで居つたが明らかに窺はれるではないか。殊に日本語のやうな最も音樂に適する歌詞があるに於てをやである。

五十三、神都と高山

山といふ山、殊に高山といふ高山には殆ど漏れなく神祠が在るといふ事が、我日本に於ける注意を値するものゝ一つであるが、或學者は之を説明して、古代の日本人は奇岩怪石大木老樹などを祭る風があり、又山其の者を神として禮拜したことがあるから、山上に祠があるのは少しも怪むに足らぬと云ふた。

併し余の見るところは之に反して居つて、神代當時の神都は必ず高山に造營されたものであるから、神都に對する崇敬が自から山を拜するやうになつたもので、各高山の祠は取も直さず神都の遺跡と見るべきである。

現に秘史には宇麻志阿志訶備天皇（國常立天皇の二代前）の御代の秘史に天皇皇族大官は高山に居住することに定むとの明文があるから、最早彼是言ふ必要はないことである。

さらば何故に神都が高山に造營されたかといふに、一に天に近い所、二には俗界を超脱した所、三には天皇の尊嚴を示し四には神都の安全を保つといふ理由からで、實際其の當時『全地泥の海となる』式の災害が幾度となく有つたためである。

そして遂に日本全土に亘つて神都が造營されたやうになつたので、名のある高山には必ず其の遺跡がある筈である。

各天皇か即位毎に新なる神都を造營されたばかりでなく、中には一代の間に十數回も遷都されたこともあるから、日本全土に亘つて幾百の都趾があるわけである。

最近天照皇太神の都せられた或高山から、御紋章入りの器物破片や、神代文字を刻んだ石などが掘出されたが、之はマダ實地に拜見して居らないから今茲に明らかに述べるわけには行かないけれども、神代秘史に傳ふところと、實地踏査と合致したとすれば、今日までの人類學說も考古學說も全然新に研究し直さねばならぬ事になる。

そこで之に伴ふて起る大問題は從來の學者が古墳發掘を平氣でやつて、中には內容品を勝手に隱匿し又は私有したことも少くないが、秘史には悉く其の古墳の由緣が明かに分つて居るのであるから、不明なる學徒の手に由つて皇陵さへ發掘されたことは決して少しとせぬ。

而も學究を名として自己の私説を築き私利を計りつゝあるので、自己の學説に反するものが現れると之を湮滅するのであるから彼等の研究は如何に進んでも神代當時を石器時代に片付けて居るので、天津日嗣萬世一系の皇威を發揚せしむることなどは彼等の研究では到底出來ぬ相談である。

昨今流行の登山熱は、外國の模倣で、一種の享樂であるが之を日本流に改めて登山即ち神都遺跡參拜又は神代憧憬の氣分で盛んにしたいものである。

或登山會が催ふした映畵で、立山の絶頂を踏破したところを見たが、登山者は頂上の神祠は見むきもせず、踏破の誇りをカメラの前に出すために極めて輕卒な擧動をしてるところが寫つて居る。立山に登つて伊邪那伎天皇を忘れてるなら何のために登山したのか。

五十四、神代曆

神代の暦法は天照日神即ち太陽神が元始神第七代の皇祚に即かれた時から始まつたものである。

先づ三百六十日を以て一年とし一年を十二ヶ月に分ち、一ヶ月を三十日としたことは今の太陽暦に能く似て居るが、一ヶ月の三十日を三つに別け、上十日は立一日、立二日と讀み、中十日は圓一日、圓二日と讀み、下十日は籠一日、籠二日と讀んだので、今のやうに十五日であるの二十八日であるのといふ讀み方はなかつた。

此讀み方は言ふまでもなく月に由つたもので、上旬中旬下旬よりも文學的でもあり亦科學的でもある。

であるから神代暦は日と年は太陽に則り、月は太陽に準じたもので、今の太陽暦よりも面白く出來て居る。

それから一年の始めは何日であるかといふに冬至が大晦日に當り、其の翌日愈よ之から新らして一年の新らしき日が伸び出さうといふ日を元日とするので一年は三百六十日であるが、年の終りに必要だけの閏日を加へて置く。そして一年は左の十二ヶ月になつて居る。

ムツビ	一月	コノメハル
ケサリ	二月	
イヤヨ	三月	
ウベコ	四月	クニアツ
サナヘ	五月	
ミナツ	六月	
フクミ	七月	タナツアキ
ハヤレ	八月	
ナヨナ	九月	
カナメ	十月	コネノフユ
シブル	十一月	
シハツ	十二月	

現行太陽暦とは少なからず相違して居るが、神代暦は太陰暦と太陽暦とを併用して居るもので、或は此方が正しいのかも知れぬ。現行太陽暦の不完全なるは何人も認むるところで、國際會議にまで改正暦の議題が上程されて居る程である。

そこで神代暦を理想として萬代國際暦を制定する必要がある。そして今日までに最も理想的に出來たものは工藤中陽翁の中正暦であるが、此中正暦の一ヶ月は下弦新月上弦滿月の四節に分けられてあるけれども、之は神代暦の如く立圓籠の三節に分けるやうにして、滿月はいつも十五日に當るやうにしたいものである。

兎に角、世界統治は日本の本分である、此の天職使命を忘れたなら日本の存在は無意義であるから、凡ゆる國際問題は日本が卒先以て論議すべきもので、今のやうに英米の黨議に盲印を捺すやうな國辱は斷然止めねばならぬ。

序にいふて置くが、太陽暦は西暦であるからといふ小さな理由で耶蘇紀元を使用するのが正當のやうに思ふてる人があるが、アレはクリスチヤンの使用すべきもので、日本人はドコまでも神武紀元を用ゆべきである。

五十五、度量衡

太古の尺度は大抵人間の體を基準としたもので、バビロニヤの尺度は最も古いといはれて居るが、矢張り指、手、腕、足などを基準としたものであつた。ところが指の太さや、手の廣さは人に由つて皆違ふので、此尺度は決して完全なものではないが、之を基準として一定の尺度を作る事は當を得た事である。

神代に於ても一方に人體を基準とした尺度が使用された、古事記にある八拳又は十拳劍とあるのが夫れであつた。併し他方に度量衡ともに稻穗を基準にしたものがあつた。之は最も正確でもあり、亦最も意義のある事である。

稻穗一粒を一ツツ（一分）十ツツを一サメ（一寸）十サメを一ユキ（一尺）十ユキを一タエ（一丈）とし、稻穗百粒を一シカ、千を一カ、萬を一ウカ、十萬を一ヒカ、百萬を一オツカとして目方を數へ、又稻穗四萬粒を一ツツ（一タ）、四千を一クホ（一合）、四萬を一セシ（一升）、四十萬を一テネ（一斗）、四百萬を一ツカ（一石）と數へた升目もあつた。

之は農事本位で如何にも面白い度量衡である。此樣な度量衡は世界的に强制しても差支へはない筈であるのに、日本在來の度量衡を支那渡來の非科學的のやうに考へたのか、それとも國際あるを知つて國家あるを忘れたのか、佛國のメートル法が公に强制されるやうになつた。

そして此メートル法は他の尺度に比し極めて科學的でもあり、亦科學的に使用されてゐるから、之を國際的のものに使用するは當然であるが國家的のものにまで强制するのは考へものである。

若しメートル法が科學的であるとすれば、キユピツト法は更に科學的である。何故なれば、一メートルは北極から赤道までの四半圓の一千萬分の一だと言はれて居るが、其の當時此四半圓の測定に誤算があつたからメートルは地球の半圓の二千萬分の一ではないのである。それに圓周は曲線であるから、之を直線の尺度の基準にすることは無理である。

然るにキユピツトは地軸の二千萬分の一であり、半徑の一千萬分の一に當り、ピラミツトはキユピツトで作られ、我神代にも之を使用して居つた、即ち肱から中指の先までの長さで、今の一尺五寸、米粒で百五十粒に當る。

斯くの如き度量衡が已に備はつて居る以上、成るべく日本固有の文化を世界的ならしむべく努力すべき筈であるのに、何もかも打こはして外國式にする不定見には呆れざるを有ない。

メートル法を國民に强制する英斷があるなら何故日本法を世界に强要しないか。又何故キエビット尺を國際的ならしめぬかを借問したい。

五十六、古事記が出るまで

日本史の權威として聖書の如く尊重されて居つた記紀二書の內で、古事記は特に一段高い價値を有して居ることは無論であるが如何に考へて見ても、我日本に之以上の國史が無かつたとはドウしても信じられない。

そして古事記を繙いて第一に不滿なことは神武天皇以前の事實、卽ち上卷が餘りに神話式であるから、神武以前は漠として稽ふべからずと言はねばならぬやうになつて、上卷と中卷とは木に竹を接ぎ合せたやうな感じがする、從つて天孫降臨は卽ち外國よりの移住で、それまでの日本八島はアイヌ族の樂天地であり、天孫民族とてもマダ石器時代から脱け切らぬ位のものであつたなどゝ思はしめたのは主として、古事記の缺陷からであつて、此缺陷ある國史を抱いて國體を擁護した正統派の學者に同情と敬意とを表したい。

但し天孫民族は土着であつても移住であつても文字をも有たなかつた蠻族であつたやうに妄斷した從來の學説は噴飯の外なき管見謬想で、研究としても不徹底であり、國家信仰からはゼロの僻論である。

若し文字が無かつたすれば八雲歌や八千矛歌や烏羽玉歌又は神武天皇御製の軍歌なとは後世の僞作と言はねばならぬではないか。ヨシ文字なくとも歌詞は作れるといふかも知れぬが、文字なき蠻人にドウして此の歌詩が出來得るか、それでも文字なしと强論するなら畏れ多き極みであるが神鏡や神劔には必ず神名其の他が彫刻されて居る筈であるが之をも否認せんとするのであるか。又式內神社の大部分の神符には必ず神代文字の神名が記されて居る、然らば彼等學者は之等を悉く僞作なりと罵ぅ神社も國體も總てを抹殺することになる。ソンナ不逞な學究の爲に帝國大學が設けられ、又學位が授けられるのではあるまい。

それに怪むべき事は、古事記三卷は稗田阿禮の暗誦に據つたと言ひながら、其の百年も前に出來た聖德太子の約二百部の本記は何に據つて編纂したのであつたか歷史は一言も記して居らぬ。

又其の上に支那文化渡來までの國史は不完全を極めて居るが佛敎渡來後は甚だ詳細を盡して居る。之れなどは支那文化中毒者や佛敎心酔者が勝手に古事記を改作したためで、即ち野蠻未開の日本が支那及佛敎の力で開化したものであるてふ橫暴な宣傳をやつたものである。

不幸にして此儘似而非學者の爲すに任せば日本は早晚國旗を變更せねばならぬ事になつたのであるが、幸ひにして神代以來の秘史が再び太陽の光りに曝さるることになつたために、始めて日本の正體が闡明さるるやうになつた。之が天佑で無くて何であらう。

五十七、天之御中主神

天之御中主神は世界の開闢神であり、又日本の元始神であるとのみ今日まで日本國民は敎へられて居つた。之は記紀其の他の文献が然らしめたものであるが、そのために神代の一天皇であらせられる同神を、無理に獨り身隱身の神として雲上に祀つたのであるから、史上に大きな無理が生じて來たのである。

その內の最大の無理は古事記に所謂大地とか世界とかには太陽の出現が無いことである。

それから天地初發の時に天之御中主神は高天原に成られたとあるが、然らば高天原と天地とはドンナ關係になつて居るか甚で諒解に苦むと同時に、天之御中主神は造物主に在すか、被造者に在すかさへ不明瞭である。從つて元始絕對神として權威が缺けて來る。

此點では猶太敎の『元始に神天地を造りたまへり』や、基督敎の『太初に道あり道は神と偕に在り、道は即ち神なり』との書き出しは非常に力がある。

そこで心ある人には天御中主神以前にモット奥深く神代が開けて居つたものではないかといふ疑問はあつたが、如何にせむ何等文獻が無いために無理な説明を重ねて年を過ごし來たのである。

然るに神代古史に出ると天之御中主神は元始神第十一の天皇に在され、天之御中美皇后との間に數多くの皇子皇女を生まれたといふだけでなく、數字を制定し、筆墨紙を造つて文化を増進せしめ、樂器、制服、神器、神寶等を整へて祭祀を隆興せしめ、又廣く萬國を巡幸して皇化に背く者は之を征討して内外の賞罰を明らかにせられ、更に開闢以來の國史を綴つて皇太神宮の神寶に奉納された。

それから同天皇の世界巡幸や萬國統治などに關することは今詳述するわけに行かぬが、斯かる實在天皇を元始神の如くに考へたので國史中の神代史は丸で希臘の神話位に取扱はれたのである。

ところが古事記に、國稚く浮脂の如くにして海月なす漂へる時に、宇麻志阿斯訶備比古遲神と天之常立神とが葦牙の如くに成りましたとあるが、丁度此時全世界に亘る大洪水があつて、萬國泥の海となると明記されてあるから、此復舊が未だ半ならざる時に此二神が誕生せられたものであらう。

而して天御中主神天皇は立山で、天之御中美皇后は八甲田山で崩御せられ、皇太子天八下王命が即位せられて居るが、此天皇は古事記には洩れて居る。

天之御中主天皇の事蹟が右のやうに現實になつて來ると日本の國史は非常に奥深くなるばかりでなく、今までよりは著るしく鮮明になつて來るのであるから之から神代歴代天皇につき順次略述する。但し古事記に現はれた天皇だけに止めて置く。

五十八、高皇産靈神

天之御中主神を元始神とした古事記は、高皇産靈神を第二代神として居るが、此兩神は如何なる關係又は系統を有して居られるかについても一言もない。尚其の上に、兩神とも獨身神で隱身神であると明言して居るので、兩神は個々別々の神であるとしか見えぬ。之では萬世一系と没交渉になつて、何故に此神々を列擧したのか其理由を知るに苦むのである。

然らば世界開闢史上に無ければならぬ神々かといへば、古事記は何處から見ても世界史の素質を備へては居らぬ。

苟も萬世一系を國體の本隨として居る以上、元始神からの直系で無ければならぬのに、右のやうに個々の神々を以て國史の第一頁を綴つたのは抑も何故であらうか。斯くの如き疑問は何人にも起ることであらうから、中には此疑問を解かんがために苦心慘憺した人もあつたであらう、併し據るべき何等の文獻も無かつたために已むを得ず此儘になつて居るのである。

然るに神代秘史に照らし合せると快刀亂麻を斷つが如く容易に此疑問を解きうるのである。

天之御中主天皇は第十一代で高皇產靈天皇は第十七代で、其の間に六代あるべきものを古事記は全然之を抹殺して居る、之は稗田阿禮の腦髓に記憶洩れしたものか、或は後世の學者が故意に抹殺したものか、何れにもせよ殘念な事であつた。

併し古事記に錄されてある神々のみについて述べる考へであるから、此六代の事蹟はすべて省略する。

高皇產靈神は第十六代天八十萬魂天皇の位を承け越中鷲羽山に神都を移し萬國統治のため世界巡幸に下られたが、如何なる故にや檀君國(今の朝鮮)と支那國との記事しか載つて居らぬ。

そして朝鮮では檀木尊、支那では盤禮功以下三千名が天皇の大前に拜賀、盛大なる舞樂を以て敬意表明して居る。それから天皇は木舟で日向男鹿山に還幸された。

後年、神宮改造の際、天神人祖一神宮を皇祖皇太神宮と改稱され、萬國の代表者を召集して大祭禮を執行せられた。

同天皇には皇太子が居られたけれども、何故にや皇弟に位を讓られ、日向の東霧島山で崩御せられたのである。

神代天皇の聖壽は大抵幾億歲となつて居るが、之は敬算である、此一事を以て直に史實を虛なりとするが如きは餘りに愚である。併し數百歲の高齡は少しも珍らしくはなかつたらか今の人間と同樣に考へてはならぬ。

五十九、神皇產靈神

神皇產靈神は第三代神と古事記に算へられ、前二神と同樣獨身神隱身神として錄されてあるが、實は高皇產靈神の皇弟で、第十六代天八十萬魂天皇の皇子で在らせられた。そして皇兄の後を承けて第十八代天皇となられたのである。

皇后神皇產辨女姬は第十三代天目降美天皇の皇孫に當られ、二十五皇子と三皇女を擧げられた。併し古事記には天皇を獨身の隱身神としてあるので、皇后及皇子などについては固より何も書いて居らぬ。

此神は前二神の如く天地の始めに高天原に降誕せられたやうに古事記にはあるが、天地の始めに高天原は一體何處に在つたか、第一高天原を天にする考へか、地にする考へか、それとも天地の外に置く考へか一向要領を得ない。そして此三神は天地開闢前に出現されたやうに見受けられるが、三神共に中性であられるから、此等の神々を國祖神に奉戴したればとて、萬世一系の國體がドウして築き上げ得られるか。日本在來の國史の大缺陷は先づ此處に始まつて居ることを記憶して置きたい。

而も此等三神が實際隱身神におはされたならば已むを得ぬことであるが、已に述べた通り三神共に實在天隱で、皇后もあり皇子もあり、又萬國巡幸までも爲されたばかりか、其の神都所在地も明らかで、又皇陵の地點さへも分つて居るに係はらず、不注意にも天地開闢と結びつけた爲めに隱身神とせねば辻褄が合はなくなつたのである。が若し事實の通り、天之御中主神を實在天皇として大膽に古事記の第一行を書き初めたならば例へ其の以前の歷史が少しも分つて居らんでも萬世一系の皇國史は正々堂々と世界の舞臺を濶步することが出來たであらうに、神話體に改造した爲めに現代の理性に對しては說明の行詰となり、遂に今日の如く思想の紊亂を惹起したのである。

無論今日の思想の紊亂は必ずしも日本だけでなく世界的であり、又デモクラシイの中毒からであることは明らかではあるが若し記紀に缺陷が無かつたとすれば、コンナ毘くデモクラシイの中毒を受けなかつたのである。

猶太敎の神は造物主となつて居り、基督敎の神は天父となつて居るので、世界及人類との交渉があるから土臺が堅固であるが、神道の神が右のやうに無意義に書き現されたのでは世界及人類との交渉を發見するに苦むのである。

但し此缺陷は支那文化中毒等が、支那神代史に倣つて斯かる脚色をしたか、又は支那史以上に取扱はるることを恐れて斯かる抹殺を企てたか、何れにしても古事記は國史としては甚だ缺陷多きものであるのは遺憾である。

六十、美盧牙彦舅神

古事記の四代神である美葦芽彦舅神は神代秘史では第十九代の天皇で第十七代高皇產靈天皇の皇太子に當られるのである。

然るに古事記では此地球がマダ能く固成しない時に、トロリとして浮脂の如く、フハリとして海月の如く漂へる時に、其の中から葦の芽の萌えあがるやうに出現されたから美葺芽彥舅の神と申上げたと書いてある。

若し之を地球の科學的創世と見ると、年代が丸で合はなくなる、天照皇太神以前が神世七代と別天神五代しかないのに、此別天神五代の內三神は開闢以前に出現されて居るから、天照皇太神以前僅に十代の時に此地球がマダ海月の如くグニャ〳〵して居つたとは誰が信じ得やう。

此天皇は第十八代天皇の皇子天御食持尊の王女を皇后に立てられ上野國宮城山(妙義山?)に神都を奠められた。

天皇は武勇絶倫親ら萬國に巡幸せられ、北米ロッキー山に天降られては赤人民王ニユイアイクを親任せられたる後、南米ロサリオ河畔に天降られたところアルヘレチアスル、ブラジル及コロンビヤ等の諸士が叛旗を飜へして天皇を害せんとしたので、天皇怒り指三本にて彼等を捻り殺されたことがある。そこで南北兩米(その頃はイビロス國と稱す)の土民等之を目擊し戰慄歸順の誠意を表し、陛下は人に非ず神なり天降の神なりと讚美する意味にてアメノリ〳〵と疾呼した。爾來イビロス國をアメノリ國と改めた。それがラテン語化してアメリカとなつたのであるから南北兩米は當然日章旗の下にあるべきものである。

萬國巡幸終りて天皇は羽後の鳥海山に還幸された。そしてヒヒロカネにて種々の武器を作られたが、之は後に太神宮に納められた。

後年神都を今の富士山に移され、天皇、皇族及大官は必ず高山に居住すべきことを定められたので、其の後も幾度か神都は富士山上に造營されたけれども前後八回に亘る大噴火のために殘念ながらこれ等神都の遺趾は數十丈の溶岩に埋められたのである。併しマダ同山上には神代文化の面影は少なからず殘つて居る筈であるから何れ調査の上公表する考へである。そして赤色學者等が官祿を食みつゝ學究を標榜して國體破壞を敢てし居る時に、私財は愚か一家を捧げて國光發揚に精進して居る我等は幸福である。

天皇は伊豆の天城山で崩御せられ、皇子天之常立男尊が即位せられた。

六十一、天之常立神

天之常立神は古事記に所謂別天神五神の第五神で、例の如く獨身隱身の神となつて居られるそして此神も第四神の如く未完成の地球から出現されたのであつて以上の何神とも何の系統もなく、亦何の關係もなく、唯自然に前後して出現されたことになつて居るから、國史の基礎たるべき國祖神としては甚だ物足らぬことで、萬世一系の皇統史に對しては何故の出現か更に分らぬ。

そこて若し古事記の拘束から解散して神代秘史の封を切ると天皇は正に美葡芽彥舅天皇の皇子で叢雲劍を作つた天日眞浦命は天皇の皇弟であらせられた。

皇后天常女尊は高皇產靈天皇の皇女で、國常立尊初め多くの皇子皇女を擧げられたが、內三十九名の皇子皇女は諸外邦の國守に任せられ、又勸業官となつて皇化の普及を計られたのである。

右の內皇女方の海外飛躍を尋ねると、ヨーロッパへは六名、太洋洲へは二名、亞米利加へは三名計十九名となつて居る。

天皇の神都は常陸の筑波山で其の頃は筑父母山といふて居つた。又皇女天吉道常姫尊は農作の神として加波山に住はれて居つた。

神代秘史には以上述べたやうに五代の天皇の御事蹟が明らかにせられて萬世一系との血脈關係は申すまでもなく、萬國との交通まで手に取るやうに明らかに記されてゐるに拘らず、古事記には隱身の神として雲上に敬遠し、日本書紀には此別天五神については一行一句も言ふて居らぬ。八年も後に編纂された日本書紀が何故に此別天五神を抹殺し去つたかは今之を言はぬが善意に判斷すると、古事記のやうな書き方なら、寧ろ削除する方がよろしいのである。何となれば國史に取つて何の利害關係もないからである。

かうなると天照皇太神以前の神世七代が日本國史の精神的基礎となるのであるが、然らば國常立尊は實在天皇で在らせられたが大問題になる。

若し天上神と斷ずれば日本國史上諒解がつくけれども、萬國史上益々天津日嗣の皇祚が疑はしくなつて來る。又若し實在天皇と斷ずれば天上神との關係が少しも分らぬ事になつて神洲の所以が成立しない。

このやうな大缺陷を記紀は大膽に暴露して居るが、之は記紀其の者の罪ではない、要するに皇國を支那の文化下に收容し、日本を佛敎の勢力下に横領しようとした不逞の徒の國史湮滅運動に外ならないのである。而も之に劣らぬ不逞運動が今日各方面と白晝横行して居ることを忘れてはならぬ。

六十二、國常立神

開闢の初め、國土浮き漂ひて魚の水上に浮かべるが如くなりき、その時天地の中に葦禾の如くなる物なれり、即ち神と化りき、御名は國常立尊。

日本書紀は右の如く國常立尊から始まつて居る。而も之を世界の開闢となし、國常立尊を以て原始神の如くに考へさせて居るが、天照皇太神の七代前が世界開闢なりと說き出したのでは世界的權威はゼロになつた譯である。

之に比べると古事記の方は大に價値がある。併し相變らず國常立尊をも獨身隱身の神として居るから、皇統の奥深さを示した細工にしか見えぬ。而も感じだけは起るが實際の神奥は認め得ぬのである。之に反してわが神代秘史には斯かる小細工は必要はない。正々堂々と事實が叙述されて居る。

國常立天皇は神代第二十一代を承けさせられ、第十九代天皇の皇孫女國常立姫を迎へて皇后とし、例に由り萬國巡幸に下られた。

第一に支那順天府天壽山に天降り盤葉夷土を國守に任じ、天の浮舟にて天竺黑嶺に天降り摩訶迦繁尊者を國守に任じ、更にアフリカイサワ濱に天降り、セツキ、アベル、カイン等の諸王の拜賀を受け、彼等を國守に任じ、轉じて濠洲シドニーに天降りナウラシを國守に任じ、太平洋を横斷して南米サンチヤゴに天降りチレ、チナ、バラの諸王を國守に任じ、北上して北米ブルー山に天降りニユウン王の報告を聞召されたる後彼を國守に任じ、內地に還幸せられたる所の山を都喜山と名付けられたが此山は即ち山形の月山である。そして皇后を召され入湯せられた山を湯殿と名付けたとある。

神都は飛騨の位山であつたが天皇の御代に地球全國泥の海と化し人類殆ど根絶の大災害を蒙つた。日本書紀の如き書き出しは恐らくは此事實に據つたものではあるまいか。

天皇の統治は嚴正で、不逞の徒は極刑に處し、殊に世界的の極惡人を立山の麓の大巖窟に投じたので、人呼んで鬼城といふたが、今日でも此附近に正體の分らぬ恐ろしい怪音が聞える事があると言ひ傳へられて居る。

今日では日本アルプスなど丶國辱的な呼び方をして居るが、此山脈の各連峰は特に神代史に深甚の關係を有して居るのを知らずに、祖先崇拜とか國史研究とかの精進の誠なく、唯享樂的な登山熱に浮かされて神域を犯すことは遺憾至極である。

願はくは一日も早く秘史が普及せられて、學校の登山會が參拜團に變るやうにしたいものである。

皇兄國狹槌尊は民間に下つて保安に任せられたので豐雲野尊が皇太子に立たれ、天皇は立山にて、皇后は蓮葉山にて崩御せられた。

六十三、豐雲野神

日本書紀を見ると國常立尊の次ぎに國狹槌尊、その次ぎに豐雲野尊が出現されて居るが、古事記には國狹槌尊は脱けて居る。

己に述べた如く國狹槌尊は豐雲野尊の皇兄で、共に國常立尊の皇子である。そして兄尊は職務上民間に下られたために豐雲野尊は第二十二代の天皇となられた。皇后は高皇産靈天皇の皇孫女に當る豐斟美姫で、神都を越中の位一城山(後に吳羽山と改む)に置かれ萬國を統治せられたが、如何なる故か此天皇は萬國巡幸を爲さらない。その代り觀察使を以て萬國の事情を明かにせしめられ、又萬國五色人王等を神都に召集して參拜報告を命ぜられた。支那の盤古氏が來朝したのは實に此時であつた。

皇太神宮の神域に、五色の旗が空高く飜へつて居つたことは毫も珍らしいことではないが、此天皇の御代には其の旗色が殊に鮮かで、其の旗風が殊に生き生きして居つた樣に思はれる。

然るに今日はドウであるか、古い學者は日本の文化は支那渡來なりと妄信し、新らしい學者は米國は開國の恩人なりと迷信し、外國殊に歐米に對しては鞠躬如として恰も隷屬者の態度を執つて居つて、國際といへば英米提出の原案に盲從する事、交渉といへば外國人の言ふがまゝに取り極めることのやうに考へて居る。

目あつて見える人は見よ、我日本には今にだに千餘の外國宣敎師が派遣されてゐるではないか、宣敎には國境なしとはいふものの、宣敎といふことは蠻民に對するもので、今日一二等國と稱せられて居る國に外國宣敎師の影が殘つてゐるのは唯獨り我日本あるのみである。

之れだけでも大きな國辱であるのに、更に國體に逆行する彼等の運動を公認するばかりか、甚だしきは敍勳の光榮をすら與へられたものが少くはない。

露骨にいへば今日の思想國難は内に國史の缺陷に由ることは言ひ遁るべき事ではないが、外に歐米宣敎師等のデモクラシイ鼓吹の結果と言はねばならぬ。

曾ては治外法權を國辱と心得て條約改正を迫つたこともあつたが、今日では日本官憲が踏入ることの出來ない治外法權區域が各方面に巧妙に作られて居るではないか。驚くべきことは日本の內地に某國用の砲臺までが出來て居るではないか。

先年予は普選を叛逆なりと罵つて正面から反對し、天皇政治を高唱せよと疾呼したのは、實に神代當時の日本に復古したいからであつた。

六十四、宇泥邇神

日本書紀では一足飛びに伊邪那岐神になつて居るが、古事記には其の間に四代あることを明かにして居るばかりでなく、此處で始めて男女陰陽の神々が現はれたので、漸く國史の第一頁にはいつたわけである。

併し宇泥邇の男神と、沙泥邇の女神とが一對になつて生れられたと古事記にあるが双生兒かと思へば兩親と認むべき神がない。ツマリ今までは中性神の世界が一步人間界に近づくために陰陽性の神になられたといふ事で、お伽話としては差支へなからうが世界を統治すべき神洲天子國の國史としては餘りに小細工である。

轉じて秘史を拜讀すると、宇比地煎天皇は第二十二代豊雲野根天皇の皇太子として即位せられ、皇后須比智泥姫尊は第十九代宇麻志阿志訶備比右邇天皇の皇子天地台中柱の王女である同じ歴史でも事實を事實として書いたものと、後世人の想像で補修した歴史とでは雲泥の相違がある。

此天皇の御代に不老長壽の石南茶が製造されたが、石南茶については後項に述べる。

神都は上野の地藏山で、地藏山は赤城山と中禪寺湖の中間にあるが、天皇はカカコノ山から白金を採掘して神鏡神劍其の他を作られたことは巳に述べた通りである、亦八坂の勾玉を作られたが、此等は今日の三種の神器以外の神寶であることを注意して置かねばならぬ。

尙勾玉は從來頸飾りのものとのみ思ふて居つたが、國璽として用ひられたやうにも解せられ又勳章として用ひられたやうにも判せられるのである。

當時萬國五色人の參朝踵を接したやうで、恰も今日の觀光團のやうに賑やかであつた。其の頃は能登の大崎が港であつたのである。併し今日の觀光客は日本の風光を賞美するだけで如何にも物足らないが、當時の五色人は參拜に來たのであつたことを忘れてはならぬ。元來日本は神洲である。萬國の本家、太陽國であり世界の高天原である。觀光も良からうが彼等の投げて行く金錢は凡て俗財といふてよろしい。何故彼等に參拜の誠意を與へて淨財を献せしめぬか。

聞くが如んば昭和十五年には空前の萬國大博覽會が我日本に開催せられるとのことであるが政治は經濟なりといふが如き低級な考へを捨て、政治の大本は神祇の崇敬にありとの明治天皇の思召を加へて此大博覽會を經濟以上のものにせねばならぬ。

そこで此神代秘庫の全部を一日も早く公開することが必要である。そしてすべての準備が出來て居るが殘念ながら唯設備費が無いので行き惱んで居るのである。

六十五、角　杙　神

角杙神と活杙神とは前代神の如く陰陽一對神として現はれたと古事記に見えるが、秘史を讀んで居るものには如何にも齒がゆい書き方で、折角天日天皇として世界的に稜威を放つて居られる實在天皇を、全然素性も正體も明かでない怪げな半人半神の如くに敬遠するのは寧ろ不敬といはねばならぬ。

天皇は神都を草木根國即ち今の紀伊の高豊峰に奠められ、觀察使を置いて萬國五色人との交渉に當らしめられた。此觀察使のことをアマノオムトノカエといひ、外務大臣とでもいふべきものであるが、其の官名にアマノといふ枕をつけてあるから、一官吏にすら『われ天に代つて』といふ自尊あり自重があつた。然るに今の外交官は國際あるを知つて國家あるを知らない。否國際を歐米と心得て歐米崇拜卽ち國際尊重と心得てるのであるからロンドン條約のやうな國防無視を敢へてして更に國辱と感じて居ないのである。

天皇の御代に支那から黄能氏盤古氏及義皇氏の三兄弟が參朝した。續いて天竺から摩迦黑尊者外百七十八名が參朝した。そして何れも五色旗を献上し萬國歸順の意を明らかにした。天皇は此旗を皇太神宮に納め大祭を執行せられ、五色人代表皆之に參加したのである。そして之等の代表者は一同宇久井濱から出帆歸國したと書いてある。

此天皇は草木根國即ち今の紀伊方面を開拓せられた方で、多くの皇子の中に阿夫斯坦金知尊といふ方が居られるが、アフスタンといふは今日のアフガニスタンだけでなく、パミール高原を中心とした大區域をいふたのであるから、あの方面の鑛業を開發された方と思はれる。

此御代にも萬國泥の海と化し木に餅が生る五色人を全滅すとあるが、ノアの洪水や、禹の洪水はマダ之から少くも二萬年ばかり後の話で、その間にも幾度か大洪水が突發したのであつた。そしてノアの洪水が最後のもので、此後再び水の禍ひあらざるべしとの約束の印に虹が現はれると聖書に書いてある。

兎に角人類史は六千年や七千年位な短いものと思ふやうな從來の萬國史から解放されて、幾百萬年の遠い神代と連綴されて居るものであることを知るのが今日の下落した人間の價値を高むる唯一の道である。

天皇崩御の所は安堵峰の宮殿で、木の神として勸請された關係から草木根の國後に木の國と呼ばれたのである。然るに同國海草郡西山東村にある官幣中社伊太祁曾神社の祭神は木の神即ち紀州の神で在られるから、この天皇が祭神でなければならぬのに國史の不備からして五十猛命が祭神となつて居る。併し神社として祀られあるから祭神が違つて居つても大本に變りはないが、秘史の天皇の山陵の如きは一つとして神域の形ちすら見ることが出來ないのは如何にも畏れ多いことである。

六十六、大殿道神

古事記に所謂陰陽一對神第三代大殿道神は、秘史の方では第二十四代角杙天皇の皇太子で第二十三代宇比地煮天皇の皇孫大斗能美尊を皇后に迎へられ、第二十五代を承けられたのである。

例に由つて越中の皇祖皇太神宮前殿に於て即位式を執行せられ、後年太神宮本殿前殿及祈念殿等を新に造營し、ヒヒロガネの神劍を以て神體に納め、盛大なる遷宮祭を執行された。

此神劍は前に述べたやうに萬代不變不滅のもので、萬世一系世界統治を卒直に象徵したものであるから、其の表面に陰陽兩様の文字を以て神名を刻み、又萬國の略圖が彫られてある。

御皇城山の頂上に宏壯なる高天原が築かれて、立山連峰の背景がいやが上にも神都を神々しからしめたが、後年越後蒲原の栗ヶ嶽に遷都せられた。皇子は大抵世界文化の任を負はせられたために末弟が皇太子に立たれた。そして皇太子を攝政とし、天皇は萬國巡幸に向はれた。

此天皇は天下萬國に驚くべき神威を示し給ふたので、五色人は天降れる神と讃美したといふことである。

例の如く天の浮船にて天皇は陸奥の大湊に還幸、直に太神宮を參拜、大祭を執行せられた。

晩年は陸奥の恐山の離宮に消光せられ、同所に於て崩御せられた。水都神と崇められたのは即ち此天皇である。

此御代にも萬國泥の海に化した大災害があつた。そのため天皇は一時日球の國（飛騨國）に避難されたこともあつた。

古事記を見ると面足神が次ぎに成られたことになつて居るが天皇の皇子に面足といふ名の方が三人も居られる。即ち面足口子尊、面足身光王尊、面足金剛造尊等で、古事記の書き方ではドノ尊であるか不明であるが、秘史の方では明らかに面足日子尊となつて居るから、秘史は如何に事實に立脚したものであるかが分らうと思ふ。

而も此面足身光王尊は神心使知主尊と双生兒で、後者は皇祖皇太神宮の神主に精進せられたことまで細に錄されて居る。

無論古事記も日本書紀もモ少し詳しく又明かに此當時を記載したものと思はれるが、國史湮滅、國體破壞の徒の手にかゝつたことであるから、記紀の不完不備を以て直ちに編者の不行屆きとするわけには行かぬ。殊に正史は神體として秘められ、唯抄本のみ世に傳はつて居つたのであるから、記紀に過重の信用を置くのは誤りである。

六十七、面　足　神

面足神、實は面足日子尊、第二十六代の天皇で、古事記には綾惶根神が皇后であるやうに書いてあるけれども、皇后は第二十三代宇比地煮天皇の皇孫面足姫である。

卽位後皇祖皇天神宮の遷宮祭を執行し萬國五色人參列世界の平和を祈念したとあるが、今日の平和條約や軍縮會議のやうな不純不正のものではなく、眞に世界を一家としての赤誠を吐露したものであつたが、斯くの如き平和はデモクラシイ流行の俗世界には到底實現さるべきものではない。

天皇は神都を日向の法禮山に奠め、先例に由つて萬國を巡幸せられ、先づ支那天竺から北米へ向はれた。そしてカナタニエイヨイク（ニウヨルク）より歸途に就かれ越中ニイヤ濱に還幸された。ニイヤ濱は以來日の祝ひと呼ばれて居つたが、後に東岩瀨と改められた。

そして此所に皇祖皇太神宮の分靈殿を造營されたが、本殿間口七十二尺奧行七十八尺、前殿間口百二十一尺奧行百八尺、四方に鳥居を造り天皇親ら祭主となつて勸請、之を東岩瀨天神宮と稱すとある。

又太神宮を改築、屋根はヒヒロカネにて葺き合せたとあるから壯觀目を奪ふ有様であつたと思はれる。

而して極めて盛大な遷宮祭は御一代に再び執行せられた。

古事記に面足神に對する女神の如くに記された綾惶根神は、實は皇太子で、天皇が山城の愛宕山で崩御せられたので第二十七代天皇に上られたのである。

皇后訶志古美尊は第二十五代大殿道天皇の皇孫女で、越中吳羽山に神都を置かれたが、後に但馬三國嶽に移された。

次いて世界巡幸に下られ天竺ハウライ湊から還幸、丹後の天の橋立に安著せられた。

當時の地名は今の地名とは餘程違つて居るが、內外の地名とも分り易いやうに現在の地名を用ひたことを玆に附記して置く。

それから地名で直ぐに疑問を起し、直ちに秘史を抹殺せんとする人がある。其の例は內地には餘りないが、外國には中々多い例令ば米國のニウヨルクは、和蘭人がニウアムステルダムと呼んだものを。英國人がニウヨルクと改めたのであるから、神代當時ニユヨイクなどといふ名稱が有るわけはないと言ひ張るのであるが、それは米國史を信じて居る人の言ひ分で、ニウアムステルダムと呼ばれぬ前に土人がニエイヨイクと呼んで居つたとすればドウであるか。そして其の土人の名稱を英國風にニウヨルクと改めたとすればドウであるか。

要するに秘史を讀む人は在來の諸說に拘束されず、自由に世界萬邦を掌中に入れて考察すべきである。

六十八、伊邪那岐神

古事記を讀んで伊邪那岐神に到ると始めて道のないところから道に出たやうな氣がする。何故なれば此以前は日本の國史として何の關係もないやうになつて居るからである。

乃ち伊邪那岐、伊邪那美の兩神が天津神より日本の國を修り固めよとの勅命を承けられたと古事記にあるが、八尋殿を建てられるまでの記事はマダ甚だしく神話式である。

然るに秘史の方では神代第二十八代の天皇になつて居られる許りでなく、古事記の神話が悉く現實化されて居るのである。

天皇は越中吳羽山宮殿で即位式を擧げられ、直に皇祖皇太神宮造替を命ぜられ、造營成り盛大なる遷宮祭を執行せられたことは申すまでもない。

古事記では兩神は國々島々を生まれたやうに神話化してあるが、アレ國守又は島守をお生みになつたので、皇子皇女の御名が國又は島の名になつたのである。

又古事記に由ると伊邪那美神に關しては全く信じ難い事蹟を列擧してあるが、皇后の御系統は次の如くである。

第二十三代宇比地煮天皇

道路奥姫尊

豫牟都母尊

豫呂母國王尊

伊邪萬國黄泉尊

伊邪那美尊

乃ち第二十三代天皇第五代の皇裔伊邪萬國黄泉尊の王女に在されるが、此系統は道路奥姫尊が白人に嫁せられた關係からして白色系になつて居る。そして父王伊邪萬國黄泉尊は黄泉國卽ちヨモツクニ、今のヨーロッパ（當時は西亞細亞方面）の國守になつて居られたから、難産後の療養のためにアフガニスタンへ行啓せられたのを、古事記では崩御されたことに誤つたので、茲にも極めて不合理な神話が交へられて居るが、秘史では天皇に迎へられて歸還せられ、共に筑後の御前山の宮殿に御禊のため滯留せられたのである。

禊を終られた後越中の皇太神宮に清淨祭を行はれるため神宮造替あり、例の如く盛大な遷宮祭が行はれた。

其の後神都は越中の吳羽山へ移され又飛驒の乘鞍嶽に移された。此處で天照皇太神及素盞嗚尊が御誕生せられたのである。

然るに此時全世界泥の海と化した大地變があつたことを記憶する必要がある。

天皇讓位の後越中立山御殿で崩御せられ、皇后は加賀白山御殿で崩御せられた。此白山は白色系皇族の御殿が多くあつた爲めに白山と名付けたといふ事である。又アノ附近の黑姫山、黑部川、赤石山、白根山、黑法師嶽、赤安山、赤城山等もそれぞれ五色人居住の由緣を有つて居る。

六十九、天照皇太神

岐美兩神大禊後に誕生せられたのは天照皇太神、御本名は天疎日向津姫尊と仰せられた。そして獨身で即位せられたが、又もや世界一面泥の海に化した大變動が起つた。そして皇祖皇太神宮所在地が陷落したために、天皇詔して神宮造營を急がしめ飛騨の宮殿より川を下つて屢々檢分のため行幸があつたので、此川を神通川と名付けた。

神宮竣工するや例の如く盛大なる遷宮祭が執行され、天皇親ら祭主となり素盞嗚尊は副祭主思兼命、兒屋命、太玉命、其の他八百萬神又萬國五色人王八十五名等參列し、天皇は羽衣を召し冠を戴かれ、眞善美の極を發揮された。此時より日見國は婦見國と呼ばれれるやうになつたといふ。

天皇は世界復興のため萬國の政法を定め、農業、工業、漁業、林業、山業等を敎へ、文化に關する凡ゆる事業を奬勵された。

然るに玆に問題が生じた。元始神以來二十八代中女性の天皇は二代しか無かつたのに、何故に此際女天皇を樹てねばならぬか。皇弟素盞嗚尊が不服を唱へられたのは此事であつた。併し子を見ること親に如かず、素盞嗚尊は正に天皇の器を具へて居られなかつたばかりでなく、大地變後の新たに國生みの大役を負はれたことから、女性を以てすることが極めて合理的であつた。天に太陽輝くが如くに地にも照らすべき大理想であつたから、事業其の者がすでに受動的であらねばならぬ。卽ち信仰が受動的でなければならぬと同じである。然るに之を自動的に、男性的にするといふと專制政治となり、延いて人間政治即ちデモクラシイになるので、神政の大義を實現せしむるがために殊更に女性を選ばれたものと信じられる。

基督教の神政王國も同樣に考へられて、默示錄第十二章に『爰に一個の女性あり日を着月を脚の下に踏み首に十二の星の冠を戴けり』と叙してある。

ところが素盞嗚尊は父神の神意を解する能はず、徒らに人權を主張して暴動に出でられたので、天皇は飛驒の御所に退隱せられたのである。そして其のため父神の逆鱗に觸れ、尊は支那へ流刑された。

素盞嗚尊は後年改悛せられ且つ檀君國復興や山田の賊徒退治等の功を以て罪を赦されたので、天皇は尊の王子を皇太子に上らしめて萬世一系を明らかにせられたのである。

天皇の遺蹟は廣大無邊であつた。そして日の國を統治せられたので天照皇太神と謚號を上つたのである。

天皇崩御の地は能登半島の尖端にある寶立山であるが、寶を寶と書いたものもあるので、ドチラガ本統かハッキリせぬが何れにしても同じ山である。併しモーゼの居つた寶達山ではない。

七十、素戔嗚尊

素盞嗚尊は天照太神の皇弟であらせられるが、萬邦王卽ち月の國の統治を命せられたために月讀命とも申上げる。併し古事記には月讀命を別神として三人御兄弟の如くに書いてあるが、素盞嗚尊卽ち月讀命で、天疎日向姫尊卽ち天照太神であると同様の理由であるから月讀命といふ方が別に居られたものではない。

流中刑、尊は檀君國の復興を思ひ立たれ、アフトキスタン國王カプイルの王女を娶り三子を擧げられた。そして自から中興祖檀君と稱せられ、三子は檀林君、檀南君、檀西君と名付け檀林君中興王として檀君國王に任せられた。檀君國といふは今の朝鮮であるが、今の半島での話ではなく、ズット支那大陸に入り込んで居つた時の事である。又檀南君はカレスト國王に檀西君は、アフトキスタン國王に任せられた。アフトキスタンは今のアフガンとトルキスタン一帶を總稱したもので、カレストはルーマニヤである。

それから姉神へ謝罪すべく歸還、出雲に上陸し例の山田の賊魁を退治し神劍を奪ひ之を献上すべく櫛名田姫を伴なひ參內されたので天照太神は其の罪を赦された上、櫛名田姫命の生める王子を我子とすべしと仰せられたので、天之忍穗耳命が皇太子となられたのである。

ところが古事記には不都合極まる不倫の行爲が神話的に記されて居るので、今日まで我國の倫理敎師が如何に苦悶したか分らぬ。『子生の誓』を讀んで何人が眉を顰めざるものがあらう而も何人も信じ得ざる方法を以て、最も大切な萬世一系を繰出さんとした事は妄の至りであるが秘史を讀んで始めて萬世一系の尊さが明らかにせられたのである。

然らば素盞嗚尊は朝鮮の國祖と申上げて然るべき方で、而も朝鮮古史には國祖は箕子とはしてあれども太古に於て檀君が國神となつて天降つたことになつて居るから、此檀君が實は素盞嗚尊であることが明らかにさるれば、日韓は自づから一邦で、今更併合などゝいふ必要はなかつたのである。

そこで鮮人に對する政策でなしに、朝鮮神宮には檀君を是非合祀さるべきもので、之は朝鮮統治上からいふても、亦日本の世界的發展からいふても、當局は一日も早く決行すべき重大問題である。

それから素盞嗚尊は月の國を治められたのであるから、日の國の天照太神は內宮に月の國の素盞嗚尊卽ち月讀命は外宮に祭らるべきは當然の事ではあるが、主神は內宮にては男性太陽神、外宮にては女性大陰神であることを誤つてはならぬ。

七十一、天忍穗耳尊

天照皇太神の後を承け第二十九代の天皇になられた天忍穗耳尊は、古事記では極めて無能な方のやうに書いてある。

豫てからの御任務である豐葦原中津國の統治に對しては國內不穩の狀ありとて二の

足を踏まれ、建御雷神が之を平定するに及んで再び赴任を命ぜられると、今誕生せられたばかりの皇子に之を命ぜられたしと遁げられた如き、天照太神の皇太子としては餘りに腑甲斐ない恨みを起させる。

然るに秘史の事實は全く之に反し、先づ卽位式に於ては親ら神籬立瓶を作られ、之に皇祖皇宗の神名を刻み、八方に安置して卽位禮に一新例を加へられ、皇太神宮の造營は固より皇城山にヒヒロカネ屋根の宮殿を造りて萬國五色人を統治せられた。

後肥前の神﨑に遷都せられたが、神勅に由つて日向の傾山に遷都、更に又高千穗に遷都せられたほど大活動を持續せられたのである。

惜しむらくは天皇長壽を完ふせられずして早世せられたために萬國巡幸はなさらなかつた樣である。崩御地は肥前の宮殿。

三十一人の皇子皇女は何れも日本海方面の開發に力を注がれたので、左の個所に夫々本部が設けられてあつた。

越前高須山、若狹三國山、加賀宮內、大日山、山中、山代、能登七王、高州山、越

中石動山、八代氷見、湊、吳羽、岩瀨、泊、高田、羽田、藤居、姫越川川岡、米山新潟、天王新田等

そして之等の皇子及皇女は田の神、稻作の神などと崇められ農家の守護神として祀られた方々であるから、恐らく今日でも此地方では其の形跡が存して居る事と思ふ。

皇后は高木の神、即ち高皇產靈神の皇女天萬拷幡土幡比賣尊の王女天玉依比賣尊と秘史に明記されて居るが、古事記には高木の神の女萬幡豐秋津師姫とある。之では年代が違ひ過ぎる。

そればかりでない、古事記には此時高木の神はマダ御存命で萬事天照太神の相談役を勤めて居られるやうに書いてあるけれども、十三代も前の天皇が御存命とは到底受け取れぬ話で、コンナ事を平氣で書いて居る古事記が怪くなるのは當然である。であるから理性肥滿病科學中毒症の今日の青年が之を信ずる筈なく、更に外國崇拜病に冒されて居るので、此のまゝ時を過ごせば日本の國史は紙屑籠に捨てられねばならなかつたほど大國難であつたが、天佑にも神代秘史が現はれ出た爲めに、間一髪に我皇國

は危機を脱するを得たのである。

七十二、日子番能邇々藝尊

日子番能邇々藝尊の御代になつて始めて日本の國史が本文に入つた。之は古事記其の他從來の國史類を讀んだ人が誰しも爾か思ふので、その爲に天孫民族といふ名稱が出來たのである。

併し神代秘史の方では世界一統の日本國史が綴られ始めてから已に三十代を經て、尊は第卅一代天皇になれたのである。

古事記は天照太神が三種の神器を天皇へ親授せられた事になつて居るが、太神から此天皇へ賜はるといふは不合理でもあるし、且つ太神は此時已に崩御せられて居るから、古事記の三種神器親授は天忍穗耳尊即位の時の事と見るべきである。

尤も古事記では忍穗耳命は位に即かれてないやうであるから自然神器親授も一足飛びになつたであらうが、已に忍穗耳命は前項の如く立派に天皇になられたのである。

それから尊は天上から棚引く村雲を押し分け天の浮橋を渡つて日向の高千穗に天降られたとあるが、秘史には越中御皇城山宮殿から天の浮舟に乘り、皇后皇子、皇族大官八十八名を伴なひ高千穗に天降るとある。そこで今迄は正體不詳の天孫民族が高千穗山に天降つたのが日本史の第一行であつたけれども、秘史の方では恒例に由つての遷都に過ぎなかつたのである。

天皇詔して天空中浮舟、天浮舟、岩楠舟等に萬國巡幸を仰せ出された。そして到るところで兇賊を討伐し、又寒暑を凌ぐ法及飛行法を敎へられたが古事記には此重要な事蹟を記さず蛇足の樣な挿話を多く加へて居る。

萬國巡幸を終られ越中、伏木港に安著せられた。そして直に遷宮祭を行はれた。

天皇は日向の萬愛山で、又皇后は駿州の富士山で崩御せられた。

又古事記にある海幸山幸の話は皇子方が琉球に行かれたのは長兄の火明尊であつたのを、古事記には末弟の火遠理尊にしてある。之は秘史には兄弟二人で古事記には三人になつて居るからで、秘史には火遠理尊が別名彥火火出見尊であるのに、古事記には火遠理尊が彦火火出見尊なりといふて居る。そして末弟が即位せられて、長兄が隼人阿多君の先祖になられたと書いてあるが、常識で考へても分るではないか、火明尊は母君が猛火の中で、全く信仰一誠の境に入りてお産みになつた方で、日の御子たることを最も力強く立證された方である、然らば此尊が天皇を嗣がるるのは當然ではないか、然るに古事記は此大切な火明尊を甚だ惡し樣に書いて居るのは怪しからん事である。

七十三、彦火火出見尊

秘史には火明尊とあり、古事記には火照尊とあるが、何れにしても同じでホテリノミコトと申上げるのである。ところが古事記では弟火遠理尊が龍宮に行かれて豊玉姫を娶られたと書いて居るが、秘史では火明尊が行かれたことになつて居り、現に第三十二代天津彦火火出見天皇の皇后は豊玉姫となつてゐる。

それればかりではない古事記では此豊玉姫の正體は鰐であるやうに書いてある。岐美以前ならば兎に角、天照太神以後にマダ此様なツマラぬ神話を交へるは餘りに稚戯で此點でも如何に古事記は正史と遠ざかつて居るかが分らうと思ふ。

そして豊玉姫は海岸の屋根もない小屋で皇太子をお産みになつたので鵜草葺不合尊と命名されたとあるが、鰐の化物を皇太子に立てたとは何たる不謹愼な書き方ぞ。

當時日本の文化は世界萬國を支配して居つたのである。神都の宏壯は現代人の夢想し得ぬものであつた。勿論此時は御皇城山の金の家と呼ばれた宮殿を後にして大隅の稲王山に移されたとはいへ、何を苦んで海岸の屋根もない小屋を産所に當てられるわけはあるまい。

萬國巡幸は仰せ出された。天の空中浮舟岩楠舟等三十二隻が用意された。先づ北海道の八幡岳を經て支那黒龍江畔に天降り次ぎにアフスタンからフライグマラガ、スイダボン、ギネアウイラ、アラビモハ、オマインスル、天竺、パトナ、パイナ、パモ等を巡幸せられ、再び支那に入り雲南、南昌に天降られた後オイスト、メイトラン、南北イピロス等巡幸、タコマ港より天の浮舟にて奥州佐井焼山に還幸せられ、烏帽子山に遷都、更に矢大臣山の南に遷都、又其の後に日向の高屋山（今の高千穂）次いで國見岳等に遷都せられた。

そして皇太子鵜草葺不合尊が即位せられたところは此國見岳宮殿であつた。天皇は高屋山宮殿で崩御せられ、八幡の神と勸請された。八幡は八方を統治するの意で、即位式に八方に五色の旗を樹てるのは之に外ならない。然るに八幡といふ應神天皇を祭つたものと極めて置くが八幡の由來はコンナに古いのである。

近頃或學者が地藏の二字は佛教から來たといふて居つたが、上州の地藏山は第二十三代宇比地煮天皇の神都であつたところで其の頃から地藏山と呼ばれて居る。兎に角從來の虛飾で杜撰な歷史本に拘束されずに、神代秘史に立脚して新世界に飛翔する必要がある。

七十四、鵜萱葺不合尊

從來の國史に據ると、神武天皇は鵜萱葺不合尊の皇子になつて居られるが、之れだけなら異議は起らないけれども、鵜萱葺不合尊の御陵は日向の吾平山に在りといふに到つて默過することが出來ないのである。何故なれば吾平山の御陵は初代葺不合天皇のもので、神武天皇の父親に當らるゝ葺不合尊の御陵は大和の生駒山に在るからである。

何が故に斯かる誤りを爲したかといふに、七十二人も居られる葺不合尊を、唯の一人とした爲めに、初代の御陵を誤り傳へたものである。

秘史では葺不合天皇は七十二人居られて、第七十三代目が神武天皇となつて居る。そして此間は最小限一萬年位の期間であるが、其れを唯一代にしてしまつたから非常な缺陷が生じて來たのである。

成る程此時代は葺不合朝と呼ばれ、最も文化の進んで居つた時で、日本國史の全盛期とも見られたのである。そして初代は單に武鵜草葺不合天皇と申上げたが、第七十一代は天照國照日子百日臼杵天皇と申上げた。ところが皇后は何れも玉依姫と申上げたために後世之を同一人と誤り、且つ此時代の秘史が一般に傳はつて居なかつた爲に葺不合朝七十二代を一代と早合點したものであらう。

そこで神武天皇は第七十三代に當られるわけであるが、實は第六十九代神足別豊耡天皇の即位三十三年に『天地大變土海トナル地變人全部死ス』といふ記錄があつた上に、第七十一代天皇の即位二十一年にも『大地變地震人全部死ス』と書いてあるのを見ると、少くも日本内地は一時全滅狀態に陷つて、葺不合朝の文化が見る影もなく甕へされたものと思はれる。尚此邊の消息は改めて述べる。

されば日本の國史は神武紀元で始まつて居るが、其の以前に天皇政治が行はれて居なかつたためではなく、神武天皇に由つて復興せられたものと見るべきで、神武東征といふのは即ち皇太神宮復興の目的に外ならなかつたのである。

それから古事記には皇后玉依姫が四王子を產ませられたとあるが、皇后のお產みになられたのは神武天皇御一人だけで、五瀨命と稻氷命とは竹姫、本毛沼命は宮建姫のお產みになつたのである。

そして古事記は稻氷命が母玉依姫の國なる海に行かせられたと明記して居るが、此玉依姫は第六十七代天皇の皇孫女に入らせられるから之は誤りで、初代葺不合天皇の皇后玉依姫と同一人視したことが明らかで、初代皇后は琉球人で在られたからである。

序に五瀬命は即位せられて居られないやうに古事記は書いて居るけれども、三十五年間在位されたのである。

七十五、人間の定命

人生僅五十年、七十は古來稀なりといふ鑄型の中に押し込められて居るせいか、ドウモ五六十で大抵死ぬやうであるが、一體人間はドノ位生き永らへられるものかを憾める必要がある。

最近土耳其君府にザロ●アガといふ一千七百七十四年生れの老人が尚矍鑠として居るといふ噂を聞いたが、支那四川省會理縣に當年正に二百五十三歲の李珍元といふ長壽者が居るとの事である。

東京ですら百歳以上の人が居る。一體五十年を定命としたのは何に據つたものか分らぬが、人間は決して五十や六十で死ぬべきものではない。人間の定命は無論百歳以上であるべきもので、大隈侯が百二十五歳説を唱へたのは不合理でなく、聖書には百二十が定命のやうになつて居る。

然るに神代當時の人生といふものは幾百年であつたか見當がつかぬほどで、第七代太陽神即ち天照皇日神までは御定命といふものがないが、第八代天日豊本葦牙氣天皇以後數代に亘る寶算を數へて見やう。

第　八　代　二百六十億二萬千八十歳

第　九　代　二百七十億五萬歳

第　十　代　(天之御中主神)二百六十億萬歳

高皇產靈神　百十億百萬歳

神皇產靈神　百億五十萬歳

國常立尊　三百五十億萬歳

伊邪那岐尊　百五十億萬歳
天照皇太神　百八十億萬歳
天仁仁杵尊　百三十二萬歳
彦火々出見尊　百六十三萬歳餘
初代葺不合尊　三百八十三萬歳餘

右の如く天照皇太神までは一年を千萬年位に數へたのではないかと思はれ、其の以前は一年を千年と數へたやうである。

勿論神は時間空間を超越して居られるから右のやうに長命せられぬとも限らぬが、兎に角普通數百歳時には數千歳の御在世があつたものと考へられる。

そして葺不合二代になると桁が違つて一二萬臺に下り、第十代は六百八十五歳、第三十代は四百八十一歳、第五十代は四百八十二歳、第七十代は三百十九歳となつて居るから、二代以下は一年を一歳に數へられたかと思はれる。

尙五瀨命は百十七歳、神武天皇は百八十七歳で崩御せられて居る。そして數百歳を重ねた人は朝野に少しも珍らしくはなかつたから、神代當時には人生僅か何年などといふケチな思想が無かつたと思ふ。

ところが葺不合第二代の御代に自今人生を二千年以下に定むといふ神勅があつて天地慟哭すと明記してある。思ふに人間の淪落と定命は正比例に下るものと思はれる。此定命問題だけを以てしても、人間の進化し居るものでなく、退化し居ることが明かであるではないか。

七十六、不老長壽法

神代に於ては天命が已に數千年又は數百年であつた上に、更に不老壽法を力行して居つたから、今日の人間の放恣な邪道に落ちた者と同日に論ずるわけに行かぬ。人間は元來肉食すべく造られて居ない。肉食は著るしく人間を倫落せしむるものであることは目前に見る事實で、此意義に於て穀食主義は理想である。今神代當時の長命法を紹介しよう。

七歳迄ヲ一合クボ
八歳ヨリ三歳迄二合
十四歳ヨリ二十歳迄三合
二十歳ヨリ三十歳迄四合
三十歳ヨリ六十歳迄五合
六十歳ヨリ八十歳迄四合
八十歳ヨリ百歳迄三合
百歳ヨリ歳百十歳迄三合
百二十歳ヨリ百五十歳迄三合
百五十歳ヨリ三百歳以上三合
食後必ズ石南不老長壽飲ムベシ
一寸見ると三十歳から六十歳までが働き盛りのやうであるが此食物の分量は必ずしも勞動と伴つたものでなく、衛生上の命令と見べきである。神代人は老衰といふことが無い。房事に關する律法を見ても分るが、心身共に極めて强健であつた。尚其の上に醫療法が甚だ進步して居つた。

併し人爲的不老長壽法としては石南茶常用を第一として居つたやうである。

そして此石南茶を常用することは天皇以下重臣は義務として勵行せねばならぬことで、國家のために長壽健全を保つといふ精神が律法以外に彼等を支配して居つたのである。コンナ事はデモクラシイ横行の今日では到底藥にしたくも無いことだが、今日の產兒制限や若返り法の如きは天命に逆行した罪惡であつて、今日の人間には長壽を許すべき何等の必要がない。

とはいへ神政漸く復古せんとして神代史が再現せんとしつゝある今日、世界的勤王黨は自愛以て之に當らねばならぬ。從つて不老長壽が必要であるから、主義として石南茶を常用したい、石南茶については次ぎに詳述する。

今日の人間が短命であり、又五十以上になると老衰するのは自然的衞生法に反するからでもあるが、皇國のため一日も多く奉公せねばならぬといふ自身が無いのが大原因である。むかしは人生を二千歳に限られてさへ天皇が慟哭せられた。人生五十では人間としての價値は神の前にゼロである。須らく精進以て少くも百歳奉仕の誠に生くべきである。

七十七、石南茶

神代當時から人皇十數代にかけて、天皇以下重臣が義務として常用せねばならなかつた石南茶は、不老長壽の名藥で、之は酒や綠茶や煙草のやうに趣好で用ゆるのではなく、皇國のため不老長壽の義務ありとして常用するものである。

石南茶は一般にヒヤナン茶と呼ばれて居るが、シエキナ茶といふのが正しいので、即ちシエキナ樹の葉を製したものである。

此の石南茶は第二十六代而足日子天皇の御代に、皇子惶根黃人高貴守尊が創製されたもので、其の製法の秘傳が唯竹内宿禰家に傳はつて居る。

元來が高山植物であるから、高山に居住された高貴の方々の常用として甚だ便利であつたが之を人爲栽培すると成分が變るためか靈能を失ふから、一々高山から原料を採取する必要がある。

石南樹は舊世界から發生する植物で、一般に普及されては居るが、ヒマラヤ方面に殊に繁茂するとの事である。が之をシエキナと呼んでゐるのは日本だけであらう。今はシヤクナギといふて居るけれども、シエキナ樹の轉訛である。

花は非常に美しくバラを欺くので歐羅巴ではロードデンドロン（バラの木）と呼んで居る。併し花には毒があるから葉ばかり製するので、葉も四季に由つて製法が變る。

そして此秘傳が棟梁の臣竹内宿禰家にのみ與へられたために竹内家六十六代の内百歳以下で死んで居るのは十七人しかない而も其の内三人は自害又は殉死であるから十四人しかないわけで、又其の内九十歳以下は僅に四人である。最高は初代三百八十二歳で、三百歳以上は三人、二百歳以上は六人、百五十歳以上亦六人といふ有様で、最近第六十代は百三歳、第六十一代は百一歳、第六十二代は百二歳、第六十三代は百十五歳、第六十四代は九十七歳である。

之は必ずしも血統ではないから石南茶常用に非常に關係するものと思はれる。そして之を常用しないために百歳以下で死んだ人は必ず〳〵歳用すべしと一々遺言して居る。

猶太教の開祖モーゼが日本に來たときは八十一歳であつたが十二年間滯留し、百二十の時にピスガ峰で昇天した事になつては居るが、實は死んだのではなく、更にロミエラスとなつてローマ國を建立した。そして其處でも死なずに昇天したといふ事であるから可なりの長壽を保つたのは事實で『彼は天國に行き天使と共にシエキナを食へり』と猶太古文書にあるのを見ても石南茶の効能が明かである。

借問す。世界の神政復古のため此石南茶を常用すべく神明の許しを得た人は果して幾人居らう乎。

七十八、大　和　魂

神倭魂と書いても、大和魂と書いても、亦日本魂と書いても何れもヤマトタマシヒと讀むのであるが、大和魂も、大和心も何も違つたものでない。

大和魂に關しては今日まで蛇足とも思はるるほど多くの講釋を見聞したことであるが、之は元來學說とか原理とかいふものでないから、クドクドしい講釋は必要でない。否、講釋を要する樣では說明者も聽講者も大和魂と餘程緣が離れて居るのである。殊に甚だしく抽象的に六かしく講釋するが如きは寧ろ大和魂を冐瀆するものである。

宗教でもさうである。說教が必要では信仰と絕緣したもので、說教は職業宗教家には必要であらうが、眞に衆生を信仰化する所以ではない。キリスト教は赤體抱磐の道である。卽ち丸裸になつて神代以來千古不滅の磐石を抱くことで、言ひ換へれば十字架を負ふといふ事で、日本人に分り易くいふと献身犧牲義勇奉公である。然るに神學といふ外道が這入り込んだために說教が長くなり六かしくなり、複雜になり從つて何等要領を得なくなつたために、キリスト教といふものが今日の樣に有害無益の虛僞宗教に沒落したのである。

大和魂もさうである。之は理屈でない、實行である。併し大和魂の正體は元來何であるかが疑問である。即ち法律か、約束か、命令か、義務か、權利か、それとも自由意志か、將た慣習か。

元來精神上の事であるので說明が自然抽象的のものになる。大和魂は誰でも口にするが果して實行して居るかドウか。口で言ふことは易く、體で行ふことが難しいものとすると何となく口で言ひたくなる。さうなると大和魂は死んで來るから、口で言ふことも體で行ふことも自由自在で、丁度人間が寢て居つても起きて居つても無意識に呼吸して居ると同樣に、大和魂は自然に我等の四肢五體に運動して居るものでなければならぬ。

ところで大和魂の正體が見たくなる。無形の理想か、有形の事實か。

此正體を見たき人は秘史に來れ。それは肉眼で拜見することの出來るもので、即ち神劍である。無論神劍は神靈を具體化したものであるが、神劍即ち皇太神宮の神體で靑生生魂の神器と稱せられ、又天照太神は神倭魂劍と呼ばれたもので、神劍の項で旣に述べたやうにヒヒロガネで作られたものであるが、何百萬年如何なる所に如何に取扱はれても露黴塵錆もせず折れも曲りも曇もせず、常に青々として生色あるもので、生きた霊劍と申上ぐるより外にない。之だ、之が大和魂の正體だ。紊亂したのは思想だ、大和魂は曲りも曇りもせぬ。此神劍の奉安所をタマシヒタマヤ卽ち神社と申上げるが、之を體得して居る日本人各自は亦神社であらねばならぬ。

七十九、天の逆矛

日本の國寶として公認され保護されて居るものは甚だ數多いことであるが、眞の國寶として第一に數ふべきは天の逆矛である。

此逆矛は果して何を暗示したものであるかが詳かでなかつたが、余は十年前から之は日本の國體の本體である天皇政治（テオクラシイ）を暗示して居るもので、卽ち把が上にあつて及が下にあるから、民衆が政權を握らふとすると指が切れる。唯上御一人のみが大政を掌らるべきである。若しデモクラシイならば及が上に把が下にあるべきもので、又此方が民衆から見ると正當に見えるが、逆矛は反對であるから誰いふとなしに逆矛と稱へたものである。

併し實は逆矛ではない、之が日本の國體を正當に表明したもので、日本の萬事萬物は皆逆矛式に形すべきものである。然らざれば太陽國にはなり得ないのである。仰げば神嚴崇高『天に二日なく地に二王なし』『政治の大本は神祇の崇敬にあり』『萬機公論に決すべし』等々の神宣が此逆矛から日毎夜毎に放送されて居るではないか。

然るに一昨年予パレスタインに在りし時、九州の牧師某が來訪して、ある直宮樣が此逆矛を御覽になつて笑はれたといふ事を聞いて、コハ由々しき一大事であると早速最も信ずべき關係者に照會したところが、其の回答には御案內役を承つた人と地方の陪觀者との實印を押した詳細な記錄を添へてあつた。そして事實は全く反して、平生拜觀して居る者すら曾て體驗せしことなき緊張と靈感に打れたとあつたので、前の噂は米國宗の走狗等の不逞宣傳であつたことが分つたのである。

昔天地未だ開けざりし時、卌諾二柱の御神天のとぼこを以て之を探り見たるに國なりければ即ち此處に跡を垂れ給ふこれ霧島山と名づくる由來にして、その鉾を逆しまに下し給ひしが今に至りそのまゝに此山の絶頂に立ちたるを天の逆鉾と云ふ、寔に神代の舊物にして奇絶の品、又此外に之を比すべき物なし云々（橘南溪西遊記の一節）

逆鉾の由來については今迄右のやうに考へられて居つたのであるが、秘史に由ると伊邪那岐天皇は霧島山に行幸せられたことはない、そして逆鉾を立てられたのは鵜草葺不合第四代天皇玉嚙尊であらせられることが明記されてある。

そして逆鉾が伊邪那岐天皇御使用の瓊矛であつたかドウかは明かでないが、何れにしても天皇政治を暗示したものである。

然るに閣臣否政治家を僣稱する人々の中幾人此逆鉾を禮讃し此暗示を體得して居るか。

八十、天杯由來

天皇より賜はる酒杯を天杯と通稱して居るが、神代當時に於ては天杯は太陽神に捧げらるる神酒をいふたのである。

されば天杯を賜ふといふ事は見當らず、皆天杯を捧ぐと記されてある。

此天杯は御大禮又は御大典の時に限られた重大な行事であるが、最初に史上に見えたのは第十七代高皇産靈天皇の御代で

天皇詔シテ越根中國日見日高見神明天神人祖一神宮ヒ天皇自身祭主神託元無極體主王大神ヨリ代々天皇始メ今上天皇皇后皇子皇族系合祭再再改本殿七百二十一尺奥行六百六十一尺宮屋根ヒヒロカネニテ葺キ合セ(中略)萬國五色人尊者民王氏悉ク集來リ天皇大前參朝(中略)天皇自身祭主ス天日神ヒ杯ヲ奉ル。

又第三十一代天仁仁杵天皇の即位式の時に之を天杯と稱へられた。

天皇代替リ即位式ニ必三劍寶萬國ノ棟梁天皇ノ御三劍寶以テ天津高御座天津日嗣天日天皇即位ノ日大神ヒ天酒杯ヲ奉ル天皇自身奉ル天杯ト云フ。

ところで此天杯の方式については詳しいことは分らなかつたが、最も詳細な記録は

鵜草葺不合第六代天皇の御代に於て見當つた。

天皇即位五年シブリ月立三日即位大禮祭天皇自身祭主天津高座ニ登リ天日神ヒ天皇自身一尺七寸二分の大杯ヒ酒ヲ奉捧朝六ツ刻ヨリ四ツノ刻迄ニ天杯ヲ奉リ正九ツ刻に天皇南面ニテ即カシ給フ。

此天杯を捧ぐることは天皇と皇祖皇太神宮の神主のみに限られたもので、此天杯の酒は後にドウなるかといふに、神劍全部を洗ひ淸められたやうである。普通の刀劍ならば酒で洗ふなんていふことは禁物だが、神劍はヒヒロカネで作られてあるから何萬年間酒に浸したからとて何の異狀もないのである、そして此神酒は飲料には下げられなかつたやうである。

それから此天杯は一個か又は二個以上かといふに、原則として太陽神へは一個であるが、皇祖皇太神へは三個であつたから或は此三個の分の神酒は天皇を始め神主その他主要參列者に分杯されたかとも思はれる。

天杯の由來が右のやうに分つて見ると、今日天杯を賜はるといふことは、殿樣から御杯を下さるといふやうなことゝ全く意義が異つて居つて、神命に由り神劍を洗ひ清むるといふ深遠な意義が含まれて居らねばならぬことであると思ふ。

ツマリ賜はつた酒を味はふだけでなく、わが大和魂を洗ひ清めるといふことに考ふべきでは無からうか。

八十一、天の安河原

天の安河原は果して何處なりやにつきては古來一の定説なく亦之を明示した學者もない。

天の安河、天上にある河なり名義は、古語拾遺に天八端河原ともあれば、彌瀨之河にや（古事記傳）

本居宣長ですら之以上の説明が出來なかつた。若し抽象的のものなら如何樣にも解釋が付くが、場所を指定するのであるから六かしい。そこで天にあるから天上の天の河でもあらう位にしか考へつかぬのである。

併し高天原が神都であるとすれば天の安河も實在の地上の川であるべきであるが、神都は絶えずその所在地を變へて居つたから、その當時の神都即ち高天原が何處にあつたかを調べる必要がある。

古事記には天の安河が度々出て居る。其の一は天照太神と素盞命が子生の誓ひを爲された時に此河を挾んで居られた。其の二は天照太神の岩戸隱れの時に八百萬神々が此の河原に集まつて評議をした。其の三は水穗の國平定の大任を誰に負はすべきかの會議を此河原で開いた。其の四は天若彦の射た矢が天の安河原に居られた天照太神の御側に落ちた。其の五は天照太神が勅使選定の時に天の安河の河上に居つた伊都之尾羽張神が先づ選ばれた。

之を以て見ると何れも天照太神に關係して居る時に出て居るから、天照太神の神都即ち高天原が何處であつたかといふと、越中神通川の一支流山田川の西にある御皇城山であつた。されば安河は其の附近であるべき筈だ。

然るところ鵜草葺不合第三十九代天皇の御代に左の如き記錄がある。

思兼命兒屋命太玉命五色人王八百萬命王越根中ニキイ五百安河原ヒ集ヘニ集ヘ給ヒテ、（中略）天日神ヲ祈祭ル所ヲ後ニ改メ天越ノ安河原ト云フ改天五百石ニテ祈祭リ（中略）天ノ安河原ヲ後ニ改サイノ河原ト云フ。

又同第四十代天皇の御代にも左の記録がある。之は前と同樣天照太神の岩戸隱れの記事である。

天越根中ニキヤノ國五百石ノ安川原ニ集賞ヒ皇祖皇太神宮拜禮シ次テ御皇城山大宮拜禮ス神通川東ニフシイノ里ニ假家ニ居ル所ヲ改テトミヤマト云フ（中略）父父ノ山ノ高天原神畱坐シ天之河原ニ云々（中略）天ノ安河原ヲ改テ祭禮ノ河原ト云フ後ニサイノ河原ト云フ。

此邊は其の後二度の大陷落で地形に大變化を來したが、而も右の地名は皆今も尙殘り居るところから推して考へると、天の安河といふのは今の常願寺川であらうと思ふ。かう假定して古事記の記事を讀むと凡てが事實化されて來るのである。

八十二、萬機公論

神代の政治は萬機公論であつた。獨り政治ばかりではない、世界問題も、國家問題も、家庭問題も、社會問題も、個人問題も、大小を問はず悉く公論に據りて決せられたものである。言ひ換へれば公論は萬機を支配して居つたのである。

ところが今日の識者も學者も十中八九は此公論を曲解して居る。今其の實例を一々擧げるわけに行かぬが、所謂普選が議會を通過せんとした時に、大文豪と稱せられ又自らを外史子以上に自處して居る博士が、天の安河會議はデモクラシイの議會に外ならず、故に我國は神代以來デモクラシイの國なりと放論し又某侯爵は萬機公論の聖旨を遵奉して普通選擧に贊成すと妄言して居る。

國史を解するの誠なく、國字を讀むの明なきは舶來敎育の生んだ大罪禍であるが、而も右のやうな責任ある地位に居る人が古事記が解けず、御誓文を解し得ないといふのは抑も何事であるか。

日本史は神洲の呼吸である。であるから神明に奉仕する誠なきものには日本史は説き得ないのである。天皇は日の御子である。其の御言葉は凡て神託である。であるから神明を畏れざる者には解し得ないのである。

天の安河會議は内外各方面の代表者即ち八百萬神が神集ふたのであるが、之は悉く神選議員で、詭辯と銅臭とでメッキした自己宣傳を平氣で押通す圖々しいデモ政論家とは雲泥の相違がある。

そして天の安河會議には政黨の對立又は存在を許さないで、萬人一黨である、即ち公論黨である。故に黨議もなく多數も少數もない。萬事は神託で決せられるのである。

故に天の安河會議は御前會議であつて神前會議である。

斯かる神嚴な會議を以て、蛙合戰や泥試合のやうな所謂日比谷座議會と同種のものであるとは餘りに妄言である。

此程度の見識であるから固より國體が分らう筈はない。國體が分らないから歐米の模倣を最善の國策と心得て居るのである。

日の本の政治は逆矛式でありラヂオ式である。民衆に政權を與へることは叛逆である。故に日本の國會は天の安河會議の如く神選議員を以てすべきで、具體的にいふと民選院は諮問機關にし、勅選院は百名以内の議員を五十鈴川畔に神集はしめ、齋戒沐浴の後に神前會議を爲さしむべきである。

然るに英米のパブリック●オピニオンと公論とを同じものと心得るから間違ふのでパブリック●オピニオンは公衆論と譯すべきもの公論は天地の公道の言論化したものであることを承知すべきである。

八十三、筆　紙　墨

文化の程度は筆紙墨で判斷が出來る。神代に文字が無かつたとすれば無論筆紙墨は有り得ないが、若し筆紙墨が有つたとすれば、言ふ迄もなく文字が備はつて居つたといはねばならぬ。

而して此尨大な神代史が完全に文献として傳はつて居る以上筆紙墨が相當に進歩して居つたことが推考される。

紙といふと直ぐにエヂプトのゴム草卽ちパピロスを元祖のやうに云ふが、例の支那文化禮讃學者が之に對して今日まで何等の異議を挿まなかつたのは不思議である。

誰が見ても漢字ほど美術化された文字は何處の國にも無いことは事實である。然らば文字に伴ふて用紙も發達し、用墨も發達して居るべきである。此點から見て支那の竹紙はパピロスよりも優つて居り、亦進んでも居り、亦其の起原も遠いのである。而して筆紙墨の元祖は日本であることが秘史の記錄で明らかであると思ふ。

神代第八代天日豐本葦牙氣天皇の皇子に、天日安砥墨取主尊天楮穀木紙主尊、天日岩竹丹鶴毛彥尊等が居られて、其の別名の如く油煙に油を交へて墨を造られたり、麻又は楮の皮で紙を造られたり、又は竹及鳥毛にて筆を造られたのである。そして此筆紙墨は此天皇の御代に創定された。多くの內外の國字を書寫するための必要上造られたものである。

それから第十一代天御中主天皇の御代に左の記錄がある。

天皇勅シテ天日諸楮造主尊、天日麻紙主尊、天日ロハタキ紙造尊、天日沫諸連紙造尊ヲシテ越根中日見日高見山田ニ紙ヲ製造セシメ萬國ヘ敎官ニ任ズ。

又同じく天中焚手油主神及天日生産凝油取神をして信濃木曾山に於て墨を造らしめ天豊筆柄造工神及天中筆毛結鹿工神をして丹波小野山に於て鶴毛、鹿毛にて筆を造らしめ何れも萬國へ敎官に任ずとある。

降つて第二十二代天皇の御代には豊雲生津墨尊、豊雲沫諸楮尊、豊雲紙漉船姫尊等が夫々筆紙墨製造の任を受け、葺不合第二十二代になつては天紙造彦尊、天竹筆造知尊、天黑須美彦尊等が同じく任命されたのであるから、筆紙墨の製造は固より太古より已に行はれて居つたものと見える。

殊に神代秘史の用紙の如きは一見奉書のやうであるが、實は兎皮を巧に製したものである。そして奉書は後に之を模造したものであるといふから、文房具は著るしく進歩して居つたことは明らかである。

八十四、男女問題

已に其の性を異にして造られてある以上、男女を同軌道に走らせようとするのは天則違反である。従つて其の優劣や尊卑などを定めようとするのは大間違ひである。況や之を經濟的に又學術的に競爭させようとするが如きは言語道斷の振舞である。天則上男女は同等ではない、亦同權でもない、それを平等を稱へて同等にしたり、自由を叫んで同權にしたりするのはデモクラシイの世界でのみ行はるべきことで、天地の公道が行はるところでは唯天則に準ずべきである。

然らば神代に於て男女問題は如何に取扱はれて居つたかといふに、先づ天地創造に於て天地は元と同體であつたが別れて天地となつた。已に別れた以上、天は上に地は下に位する。そして天は陽で、地は陰であるから陰陽に上下あることが分る。

次に太陽と太陰とは元來別物で、太陽は先きに、太陰は後に現はれたから、順序として男は先きに女は後になるのが當然である。

それから太陽は自主的であるが、太陰は受動的である、男女も亦爾かあるべく造られたのである。

日本の萬世一系は太陽より發生して居るが太陰には關係ない、そして太陽系即ち天照太日神の系統は、日を夫とし月を妻として生み出されたものではなく、天照太日神には天日身光美土姫と申さるる皇后が在されたので太陰神が皇后になられたのではない。

而して天之御中主天皇以前には女性の天皇は一代も無かつたのである。ところが天之御中主天皇の皇孫、即ち第十三代天皇に至つて始めて女性が天皇に卽位せられた。そして第十四代も亦女性の天皇であつたが、その後第二十九代天皇即ち天照太神迄は總て男性の天皇であつた。

降つて葺不合朝に於ては七十三代中女性の天皇を戴くこと十八代であつたが、玆に見遁すべからざることは、女性の天皇の世幸男は唯一人に限られてあつたが、男性の天皇は皇后以外十二人の侍妃を持つて居られた。

尤も當時は官吏は男女を問はなかつたのは事實であるが、之は官吏は主として皇族又は準皇族を以て任じたので、男子だけでは足らなかつた關係からであつたことを忘れてはならぬ。

男女問題は神代に於ては問題にならなかつた。從つて別に明文を以て之を解決しては居らぬが、以上の事實から推考すると男は上に女は下に、男は前に女は後にといふことになる。殊に皇后は一段低き右側（向つて）に御座を置かるるを見ても知るべきである。

要するに『男は國のため女は家のため』といふことは天則で必ずしもユダヤ人だけの習慣でなく、實に亦日本の國風であつた。

聞け現代の婦人よ、參政運動は國體に逆行する道樂だ、それよりも不良兒を出さぬ工夫が大切である。

八十五、神代日本の氣候

氷の山にパラダイスは無く、燒野原に樂園は無い。然らば天國と呼ばれ五色人に憧憬された日本の氣候は是非とも亞熱帶位なものであるべきである。

殊に高天原所在地であり日本文化の本源である加越能方面、廣くいふと日本海沿岸は今のやうに不愉快な氣候ではなかつた筈である。若し神代當時も今のやうな氣候であつたとすれば予は神代秘史を半以上疑はねばならぬ。何となれば氣候は文化を支配するからである。

然るに、高天原が覆へさるるほどの大地變があつたといふ事實を調べると、日本海の中央以北、むしろ日本に近いところに驚くべき廣大な地辷りがあつたために、日本の西海岸は約二百間陷落し、九州方面は反對に多少隆起したのである。それがために對馬海峽が狹くもなり淺くもなつたと同時に宗谷海峽や間宮海峽も狹くもなり淺くもなつたことは科學的に推考されるのであるが、能登半島の地層や、北越の海底に藍瓶と稱する深所が敎ケ所ある事や、日本海に可なりに廣大な淺瀨があることなどから見ても此大陷落說は肯定されるが、其の以前には暖流は自由に日本海を通りぬけて居つたと見え、今の裏日本、實は表日本である日本海岸は、東沿岸よりも著るしく溫暖で寧ろ亞熱帶の觀があつたのである。

之がために出雲地方には古事記にあるやうに鰐も棲んで居つたのであらう。現にアノ地方では今でも鱶のことをワニと呼んで居る。彼の山椒魚が日本にしか居らぬといふが、之を鰐の退化した者と見てはドウだらう。そして鳥取附近には沙漠もあり、能登半島には熱帶植物もあり、又數間もある大蛇は今でも內地の深山大澤に居るといふ話である。

して見ると今日本海に注入する暖流は神代當時の半分位であるばかりでなく、出口が無くなつたために宗谷海峽方面で寒流に變じて戾つて來る樣になつたから、此暖流と寒流との衝突に由つて非常に雨が多くなり、從つて溫度も降下したのである。

そこで突飛な企業家が出でて暖流を倍加せしめ且つ其の出口を切開いてやれば、日本海方面は必ずパラダイス化するのであらう。但産兒制限などを臆面もなく人前にほざいて見たり、其の癖失業問題さへ解決出來ぬ今の自稱政治家には勿論出來る問題ではないが、面白い事には赤露の官憲が何を考へたか間宮海峽を閉塞するといふ事である。

之が實現されたら幾分か寒流を防ぐことが出來やうが更に宗谷海峽に暖流の出口を開いて見たい。兎に角御皇城山に高天原を復興することが昭和日本の大任務であることを記憶せねばならぬ。

八十六、神殿造營

地球萬國の中心は日の本の國で、日の本の國の中心は高天原で、高天原の中心は神宮であることは言ふまでもないことで、此神宮は世俗の分り易い例を以て云へば人體の臍に當るのである。

臍は母體との連絡を證明するもので、此神宮は太陽を通じて宇宙神卽ち元無極神であるナンムアーミンの連絡を永久に證明するものである。そして一般の神社はツマリ此神宮の變體であるから、神社を宗敎の範圍に入れるやうな考へは錯覺である。但神社は宗教なりやといふ疑問が生ずるまでに神社が俗化されたことは事實である。

臍は誇るべき特權である。斷じて醜い傷痕や灸點と同一視してはならぬ。

されば皇太神宮の造營は天皇の最大行事であつて、之は腐朽したから改造するのでなく、改造即ち遷宮式に由つて天地の接觸を更新するがためである。

此重大なる遷宮式は今日では二十年毎に行はるる事であるが神代當時に於ては幾年目といふ規定がなく、御一代に幾度も執行せられたのである。併し原則として即位式は必ず新らしき神宮に於て行はれるのであるから天皇の第一の行事は神宮造營であつたことは注意すべき事で、此原則からして『政治の大本は神祇の崇敬にあり』と明治天皇は仰せられたのである。

降つて鵜草葺不合朝に入り、第二十七代建玉天皇の御代に於て、神宮建替は必ず毎五十年と定められた。

天皇詔して萬國棟梁皇祖皇太神宮今後代必ス御皇城山中眞ニ南方二里二十町北方一里二十町東方一里三十町西方二里十町ヲ皇太神宮移轉地域ト定メ替造ノ時神明向ッ

テ右行神宮ト云フ次ニ替造左行御皇城山神宮ト天疎日向津媛天皇今上建玉天皇皇太子皇后ニ神託アリ定メ給フ必ズ五十年目ニ建造リ又天皇代替ハリニ必替造リ定メノ神託アリ

已に述べた如く神代當時の神宮は驚くべき宏壯なもので、本殿間口六百六十尺奥行六百一尺、前殿千二百六十一尺奥行千六十一尺で八方に鳥居があるといふ偉大な建て物であつた。而も屋敷がヒヒロカネ(白金)であつたといふから金の鯱位でビツクリするやうな人が見たら頓死するであらう。

このため神宮は金の家とも呼ばれて居つた。そしてドンナ様式であつたか確たることは分らないが、略圖を見ると今日の神社と概して變りはない。思ふに今日の神社の銅葺は此ヒロカネ葺を模したものであらう。

神殿はタマシヒタマヤである此神殿を介して天地人が合致するのである。此際俗化した神社を廓清して累を神殿に及ぼすが如きことなきやうにせねばならぬ。

八十七、高天原の崩壊

以上述べたやうな驚くべき先進國日本が、何が故に支那文化や佛教教化を輸入せねばならなかつたかが一大疑問である。

而も其の疑問は極めて簡單に解決される。曰く、神代文化は根柢より崩壞したからである。然らば其の崩壞は支那文化に壓倒されてか、又は佛教教化に征服されてかといふに、曰く、然らず。

讀者よ。若し假りに關東大震災のやうなものが全日本的であつたら、十年後の今日日本は果して復興が出來たであらうか。恐らくは出來なからう。出來ないばかりではない、今頃は變な旗が路頭に飜へつて居つたであらう。

今秘史を見るに、葺不合七十一代天皇の御代に左の如き事實がある。

卽位二十一年カナメ月ナム大地變地震人全部死ス。

之は簡單であるが他の記錄に由ると此大地震は全日本に亘つたもので、二回の大地震に全日本に大變動起り、西南部は隆起し、東北部殊に日本海方面は四百メートルの大陥落を見た上、二百メートルほどの大つなみがあつたと書いてあるから、高山を除いた居住者は悉く慘死したわけである。

其の結果、今迄高千穗にあつた皇居を近くに移す必要が起つて、大和の生駒山を新に神都とせられた。序に述べて置くが高天原は半永久的に越中御皇城山に在つたが、皇居は其の時の政治的必要から隨所に移されてあつたのである。ところが此大震災と大海嘯とで、高天原も遺憾ながら此災禍のために崩壞されたので、其の復興の目的を以て都を生駒山に移されたものである。

そこで今迄の歷史は神武東征といふて、神武天皇が如何にも侵略をされた樣に書いて居る。之は東征ではない神都復興であつた。古事記には高千穗は政治を行ふに偏僻であるから東方に移つた方がよからうとの御相談があつたとある。

さすれば神都復興を目的とせられたことは明かである。

そして從來即位式は特別の事情なき限り此皇太神宮で執行されたのであるが、五瀬命は生駒山で即位せられて高千穗に移られ神武天皇は兄天皇の崩御せられた紀伊竈山で即位せられて大和の畝傍に神都を興され即位式を執行せられたのである。であるから神武紀元は建國ではなくして復興である。實に思ふだに恐れ多い大地變であつたが、それでも國體に何等の致命傷とはならずに新に皇紀正に二千六百年に垂んとして居るのは何故であらうか。

八十八、桃太郎の正體

アメリカニズムに買收された醜劣な教育者は、世界の平和を云々して、神社境內の戰利品を撤去せよとか、尙武的記事を教科書から削除せよとか、國民として非常識極まる動議を得々として提出するが、更に家庭に向つて桃太郎を始め日本古來のお伽話を忌避せよとまで醉餘の囈語を吐いて居る。

獅子の爪を切り牙を拔いたら百獸の王ではなくなる。大阪城の外濠を埋めたら百城の王ではなくなる。日本の生命は神劍ヤマトタマシヒにある。そして日本の軍人は最も忠實に之を擁護して居るのである。そのために桃太郎は日本の家庭には無ければならぬ人で、言はば無給の家庭教師である。

お伽話の內でも桃太郎だけは少しもお伽話らしくなく、全く實談そのものである。そして近世の事實である金時よりもモット實際的であるが、然らば桃太郎といふ人は居つたかといふと誰も知らぬ。彼は何れの時代頃の人であり、何人の子であるかも誰も知らない。唯黍團子からして岡山邊の人であつたやうに思はれてるに過ぎない。然るところ、神代秘史を一讀すると、彼は正に葺不合第六十四代天皇の皇子であることが分つた。

葺不合第六十四代豐日豐足彥天皇┐
柏木足中媛皇后──────────┤
└萬國巡知彥尊（智勇大力亦名桃太郎ト云フ）

此天皇の皇子三十一名、皇女四十三名は何れも世界文化促進のため萬國に特派されたのであるから、之に伴ふて勿論討伐も無ければならぬ。

殘念ながら所謂鬼退治に關しては何等の記錄がない。併し雉子、猿、犬等がお伴をしたといふのは武器の完備を形容したもので、雉子は飛行隊、猿は工兵隊、犬は騎兵隊といふやうなものではなからうか。

兎に角、浦島太郎や花咲爺や此桃太郎の昔話は神代からのもので、又夫々深い意義が含まれたもので、國民敎育上甚だ珍重すべきものである。然るを斯る由緒深きものとも知らず、徒らに輕薄な學問に驅られて此等を排斥せんとするが如きは何たる不心得ぞ。

桃の話は伊邪那岐天皇の時にもあり、又葦不合第六十三代天皇陵を桃塚といふて居るが、第六十四代天皇の皇子に桃太郎と命名されたのは桃と勇武と何か關係があるらしく思はれる。そして此桃太郎王は今を去る約四千年前の方であつた。

八十九、舊約聖書の出現

猶太敎、基督敎及回敎の共通經典である舊約聖書は、今を距る六千年前から始まつて居る、そしてアダム(男)とイブ(女)を世界人類の始祖と斷じて、萬國民は今日まで之を默認して居つたのである。

然るに神代秘史の發見で舊約聖書は單にイスラエル民族史に過ぎざることが明かに宣告され、アダムとイブは二人でなくアダムイブといふ一國王で、赤人の始祖であることまでが明かに示された。そして六千年や一萬年の話でなく、彼は天御中主天皇よりも前の人であるから、少くも十萬年以前の人であることが分つた。

黑人にもアダムイブインといふ王が居るが聖書にあるのは赤人であるから左の系圖で始まつて居るのである。

ヨイロバア ダムイブヒ 赤人女祖氏	アフガカブ氏 アダムイブ王 ケルマン氏

ヨイロバは今の歐羅巴であるが、其當時は西亜細亜をいふたもので、之は我神代第九代造化氣萬男身光天皇、即ち聖書に所謂エホバ神の皇女で、アダムイブは其子であ

るからエホバ神の天孫に當るわけである。

併し三人兄弟アノガカブはアフガニスタンの始祖となり、弟ケルマンはペルシャの始祖となつた。そしてアダムイブはイスラエルの始祖となつたのである。

降つて第十三代天日降美身光天皇の御代に天皇萬國巡幸の砌り、ヒレフレ山に天降られた時に、赤人民王アダムイブが直ちに奉迎したとあるが、果して同一人であるとすれば非常な高齢者であらねばならぬ。

尤も聖書にはアダムは九百三十歳で死んだとあるから同一人であるとも見られるが、當時の神代天皇は千歳萬歳の長壽を保たれたのであるから、或はアダムイブといふ名が數代傳はつたものかも知れぬ。

然るに第二十一代國常立身光天皇が巡幸せられた時には、阿弗利加イサワ濱ゴンダルに天降られ、セツキ王、アベル王、カイン等來りて拜禮すとあるが、此三人はアダムイブの子であるところを見ると最早代が變つて居つたので、愈々イスラエル史が綴り始められたのである。

又アダムイブが樂しく生活して居つたエデンの樂園といふのは、實は其字義も亦所在地も明かでなく、一說には印度だともいふが、エデンはエダナの轉訛で、エダナは支那即ち日本の枝の國をいふたものであるから、益々面白く關係して來るではないか。すると舊約聖書は我神代秘史の一分系であるから、神代秘史の發見で舊約聖書は始めて世界的權威を裏書されたものである。

九十、猶太教發祥

舊約聖書は神代秘史の一分系であるならば、猶太教は亦神代信仰の一分派であらねばならぬ。

元來イスラエル民族の祖先は、バビロニヤ方面に於て太陽崇拜者であつたことは明かであるが、山を祭り石を祀る風習などゝあつて、我神代信仰を繼承して居つたことが分る。

猶太教といへば猶太人の信奉する宗教のやうに思はれてるが、實は宗教として取扱ふべきものでなく、丁度日本人と大和魂との關係のやうに、イスラエル民族に對するイスラエル魂とでもいふべきもので、日本魂が武士道として具體さるるやうに、此イスラエル魂が猶太道として具體されたのである。

そして猶太敎とはいふものの、實際はイスラエル敎又はヤコモ(八雲)敎といふべきで、猶太人が獨り之を死守した關係上猶太敎と呼ばるるやうになつたのである。丁度日本の武士が大和魂を死守したので武士道の名稱が起つたと同じである。

而して此猶太敎は何處で發祥したかといふに、今日まではアラビヤのシナイ山との み信じられて居つたが、豈に圖らんや我日本の能登半島の寶達山であつたのである。

此秘史に關しては拙著『モーセの裏十誡』に詳述してあるが、彼れモーセは聖書にも記されある如く、シナイ山に參籠して例の十誡石を神授されたのであるが、之を民衆に授けた時に失敗し、第二回に成功したのであるが、元來シナイ山は一本の草木も無い岩山であり、生きて居る人間が幾年は愚か幾日さへも參籠しうるわけはない。然るにモーセは長年月下山しなかつたのである。そこで彼は果して山上に居つたか否やの疑問が起る。

然るに秘史に由ると彼はシナイ山上から反對の方面に下り、アカバ灣に出で、船にて日本に渡來し、越中の棟梁皇祖太神宮に四十一日間參籠して、葺不合第六十九代足別豐耡天皇から十誡を賜はつて本國に急行し、第二回の十誡を民衆に授けたと書いてある。されば猶太敎は日本の高天原で發祥したものである。

それに此天皇は萬國に律法を施された方で、猶太人は神授の律法をトーラと呼んで居るが、足別はタラワケと讀むのであるから、タラワケは律法配付といふ事になる。

加之、猶太人の事をジウといふが、ジウは何語であるか猶太人も知らないのである。ところが猶太人の國章は日本神代數字の十で、ジウと讀む。ジウは日本語で神民の意で、猶太人が之を使用したのは當然の事である。

已に猶太敎の發祥は右の通りとすれば、猶太敎から變體した基督敎も回敎も皆日本から發祥した事になるではないか。

九十一、モーセの十誡石

モーセの十誡が已に我神足別豊耡天皇より親授せられたものとすれば、其寫しだけでも日本に有るべき筈である。

イスラエル民族に與へられた十誡石は、猶太王國の滅亡と共に所在不明になつた。而も之は猶太國寶三種の神器中最も重要なものであつたために、關係猶太人は捜索にドレほど努力したか分らないが、遂に今日まで見出されぬものである。

此疑問が余に取りては非常に興味のあるものであつたから、或は日本の何處かに移されて秘藏されてるのではないかと思ひついて、十數年來此謎を解かんと試みたのであつた。何故なれば余は日本の八雲族及出雲族はイスラエルのヤコモ族及エヅム族であると信じ、且つ日本が其正系であると斷じて居つたからである。

而して之と同時にモーセの十誡には表裏二種あることを靈覺したために、古今東西未だ何人も考へて居らなかつた裏十誡について、其片鱗だけなりとも探りうるところあらんかと念じつつ、先年遠くパレステナに赴いて半年間を過ごしたのであつたが、殘念にも之については何の得るところもなかつたのである。

然るに一昨年末から昨年春にかけて、日本神代當時の高天原であつた皇祖皇太神宮の神寶中に、驚くべき多大の史實が發見されたが、其中に、實にモーセの十誡が表裏二種ともに完全に發見されたのである。

勿論之は何れも寫しであつて、モーセ自身此寫しを石に刻んで奉納したもので、外宮の神體として聖別されて居つたものである。

外宮については已に述べたが、日本以外の萬邦を治むる宮で、一名月の宮と呼び、萬邦民を統治すべき此表裏兩十誡が神體として奉安されてあつたことを目擊すると、一日も早く不合理極まる現狀を打破して、此世界を神代當時に復古せしめねばならぬを痛切に感ずるのである。

基督教は主一信仰一バプテスマ一の三大原則に立つて居るが、神代當時には宗教というものがなかつたが、此三大原則は完全に實踐躬行されて居つたから、世界統一が出來たのである。そして之が天地の公道、世界の國教であつた。

今日の宗教は人類の倫落に伴ふて出來たものであるから、一神一王一道の大本に復歸すれば、自づから一切の宗教や哲學を超脱してテオクラシイを讃美することになるのである、であるから此外宮の神體であるモーセの十誡石の實在が中外に公表されると、天下萬民は自づから之に歸依するのである。過去の十年間此方面に沒題して居つた自分すら此發見を夢の如くに驚異して居るから、始めての人には容易に信じられぬ大事實であると思ふ。

九十二、セーモの裏十誡

一般にモーセの十誡と稱して居るのは表十誡のことで、裏十誡については回教徒は勿論のこと、基督教徒も猶太教徒も更に知るところが無かつたのである。

而して裏十誡といふ名稱は、一昨年棟梁皇祖皇太神外宮の神體中に十誡石を發見した其時に、余が始めて之を裏十誡と呼んだものであつて、即ち從來モーセの十誡と稱するものに對して裏といふたので。從つて從來の分は自然に表十誡となつたわけである。

ところで此表十誡なるものは神政復古までのもので、其後即ち地上に神政（テオクラシイ）が復古せられた其時には裏十誡の舞臺が表面になつて展開されるのである。

そこで一つ考ふべき事がある、アダムイブの住ふて居つたエデンの樂園には、火炎を發する兩刄の劍が廻轉して居つたといふイスラエルの傳説に對し、日本にはヒヒロガネで造つた兩刄の劍が神體として奉安され、神鏡は表裏二面である事實が實在して居る事である。

此兩刄叉は表裏の義は、世界の維新革命を謂ふたもので、古き世界が新らしき世界に轉換されると、今までの表が裏になり、今までの裏が表になるのは分り切つた事で、神政復古となればモーセの裏十誡は表側となり、裏側にあつた裏十誡は表面に出て新世界の大憲章となるのである。

されば今日までモーセの十誡として三教徒に仰がれたものは神政復古と共に其用を

終るもので、又三教徒以外の人々には通用しなかつたものであるが、此十誡は宗教や人種や國別に關係なく、天十萬民が遵奉せねばならぬものである。そして遵奉せざるものは必ず神罰を受けねばならぬものであるが、それは即ち左の如きものである。

一、日本神を拜禮せよ。
二、祖國日嗣神を拜禮せよ。
三、日の神に背く勿れ背く者は潰滅すべし。
四、天國祖國神の律法を守るべし。
五、祖國天皇に背く勿れ。
六、分邦萬國民の律法を守るべし。
七、分邦の律法を制定する分邦民祖國の律法に背く勿れ。
八、黑白を明かに正せよ。
九、聽け此外に爾モーセの外に神なし。
十、日の神拜禮せよ。

紙面の都合で詳しく説明するわけにゆかぬから、詳説は拙著「モーセの裏十誡」に譲るけれども、此裏十誡は外宮の神體である如く日本以外の萬邦人の守るべきもので、モーセは獨りイスラエルのみならず萬邦五色人の總王であり、モーセの略字は太陽であることを記憶すべきである。

九十三、羅馬祖神ロミユラス

試みに白紙になつて世界萬國を大觀すると、日本に酷似した國が西の方に一つあることを見出すであらう。即ち伊太利である。

イタリーといふ國名は日本語のイタル（到達）であると秘史に記されてあるが、またローマともいふたので、此羅馬の上代史は明白ではないけれども、傳說に由ると紀元前七百五十三年にロミユラスといふ偉人が天降つてローマ府を創立したといふことである。

而もロミユラスは如何なる人であつたかは丸で雲をつかむやうなものであつたところが、外宮の神體中に發見されたモーセの裏十誡石に由りてロミユラスはモーセの別名であることが明かにせられたのである。

聖書ではモーセは死海の東岸に聳ゆるピスガ山上で百二十歲で死去したことになつては居るが、實は雲に上げられ行くところを知らずで、實際彼は何處にも埋葬されては居らぬ。

そこでイスラエル建國の基礎全く成りたるがため、彼は後事をヨシユヤに委任してローマ建國に向つたのである。

彼が雲に上げられたといふのは飛行したことで、彼は日本から飛行船で歸つたのであるから、其飛行船で飛行したもので、彼は日本から歸國する時に直接にアラビヤのシナイ半島に下陸せずして、伊太利のボロニヤに下陸したことは大に注意すべき事である。

そして彼は又ローマ建國を終ると後事を長子ニウマボンに委任して又々何れへか飛行したが、其後の行衛は不明である。羅馬太古史にはロミユラス日蝕の際其父マース（ローマ軍神）神と共に火輪車に同乘昇天すとあるが、昇天後一年サヴアイン族なるヌーマポムを國王に戴いたとある。

此ヌーマポムといふ人は即ちモーセが日本で生んだ長子ニウマボンであるから勿論日本人であるが、之をサヴアイン人と見誤つた。サヴアイン人と日本人との血脈關係はマダ能く分らぬが、同じく太陽崇拜で、風采が甚だ似て居るので、モーセの妻となられた大室姫もイスラエル人からエテオピヤ人と見誤られたのである。そしてエテオピヤ人は同じくサヴアイン族である。

其後の羅馬は如何に變化しやうと、羅馬はロミユラス即ちモーセが創立したもので羅馬法といふものが世界的權威を占めたことなども成程と思はしめるではないか。そして神の國と其義を慕ふて止まぬ精神まで相似て居るので、クリスチヤンの殉教者を出したのは日本と羅馬だけであるのが面白い。そして一般白人間には殉教者は極めて少い、殊に米國人には一人もなしといふてよろしい。そして伊太利がムツソリーニの力で復興したが日本は誰の力で世界的に復興するであらうか。

九十四、富士山

富士山は幾萬年前に出現したかは我々の關知するところではないが、海内第一の此靈峰に神都が建てられたのは葦不合朝の頃で、其以前には如何なる理由か何天皇も此山には遷都されては居らぬ。唯瓊々杵天皇の皇后木花咲耶姫が此山で崩御せられた事實が殘つて居る。

富士山に關しては最も詳密で、又最も權威ある富士古文書に由ると左の如き一節が錄されてある。

家基都は小室中室の增界に位し後に底知れすの阿祖湖左に御祖代の天險あり前に沼

田を控へ右は宮守川の峻流にて包圍せられ阿祖谷唯一の要衝にして富士山第一の勝地なり初め天津神の天降りますや先づ此地を倒して宮殿を造營し止り座し給ふ即ち家の基なる因り家佐座の宮と名づけ神都を家基都と稱す。

此家督都は富士山の東北麓に當り、今は四十丈の地中に埋沒されて居るから探るに由もない。而して此山に天降られた天津神は何天皇に在まされたかは明かでないが神代秘史に由ると最初に神都を富士山に奠められたのは鵜萱葺不合第十三代豐明國押彥天皇で、萬國巡幸を終られ鈴川濱に還幸せられた時に富士山に遷都されたので、其地點は今の大宮附近であつた。

又第十四代火之進奇猿媛天皇も同所を神都とせられたが、同天皇は即位八十六年に此神殿建替、祭神は中央に棟梁皇祖皇太神宮分靈天照日神、日向津姫天皇、右側に木花咲耶姫、左に豐明國押彥天皇及皇后となつて居るか葺不合第十三代天皇以前に富士山を神都とせられた天皇が無いことが明かである。そしてアサマ神社の名稱は此時に附けられたものであるといふ。

降つて葺不合第五十八代御中主幸玉天皇は富士山へ遷都後百二十年で崩御絶頂に葬られた。

更に又第六十四代豊日豊足彦天皇も支那巡幸の後富士山に遷都された。

但し富士山上の神都舊蹟は前後八回の大噴火で悉く地中に埋沒されたのであるから、其地點を明示するわけには行かぬ。併し淺間神社の祭神は一般に木花咲耶姫の一柱となつて居るが、之は前記の如く五柱と改むべきである。

それから昨今では富士登山は一の遊輿になつて居るが、右の如く皇陵であつたのであるから、せめて絕頂の一角だけでも柵を造つて其神聖を保護したいものである。

九十五、高千穗峯

天孫降臨の地として中外に知られて居る高千穗の靈峰は、國史上日本建國の第一歩として何人にも認められて居つたが、事實は甚だしく相違して居るのである。

第一に仁々杵尊以前には天孫民族の足跡が高千穗山上に印せられて無かつたやうに

古事記に見へるが、仁々杵尊の父神天忍穂耳天皇は肥前の神崎から日向の傾山遷都、更に高千穂へ遷都されて居るばかりでなく、遙かに十四代を溯つて高皇産靈天皇は東霧島山に於て崩御されて居るから、日本の國史は古事記のやうに底の淺いもので はない。

そして仁々杵命は高千穂で即位せられては居るが、即位式執行のため越中の太神宮に行幸、其儘同所に於て萬機を親裁せられた。

後、天皇は皇后皇族高官等八十八名を率ゐ、飛行船で高千穂山に臨幸された。そして大宮を造營し遷都されたのを後世天孫降臨と稱したものであると思ふ。

同天皇は晩年朝鮮巡幸の後、越中皇祖皇太神宮の遷宮式を行はれ、高千穂へ還御、位を皇太子彦火々出見尊に讓られて崩御せられた。但し新天皇は他へ遷都せられ、高千穂は永い間行幸を仰がなかつたが、葺不合第四代天皇に至り天之逆矛が奉納されたけれども神都にはならなかつた。

降つて葺不合第二十八代天皇は此山に遷都され、又葺不合第三十代天皇も高千穂に遷都、それから葺不合第六十七代天皇も同じく遷都されては居るが、別に特筆すべき記事は無かつた。

更に降つて葺不合第七十代天皇は第一番に此山に遷都されたばかりでなく、棟梁皇祖皇太神宮の分霊を勧請し、天孫降臨祭を執行せられた。

然るに従來の國史には七十二代繼承の鵜萱葺不合朝を唯一代の如くに誤認したために、仁々杵天皇御一行が飛行船で高千穗に臨幸された事實と、此天孫降臨祭とを混同して天孫降臨といふたらしい。

而して今日までは仁杵尊を天孫と申上げて居つたが、神代秘史の天孫といふのは、太陽神即ち天照日神以後の暦代天皇を總稱したもので、此方が合理的であり亦實際的である。然らざれば天孫民族といふ意義が徹底しない。

要するに記紀共に完全な國史ではない、殊に神代史に於て然りである。

そこで日本の文化は九州の一角から東漸したものではなく、反つて今日裏日本と呼ばれて居る越中方面から發祥したことになるから、從來聞きざわりであつた南洋渡來說其他は一も二もなく抹殺されるわけである。

九十六、越中立山

今でこそ裏日本であるの、流行遲れであるのと輕侮されては居るが、神代の昔の越の國の堂々たる文化を今日の輕薄なデモクラシイ禮讃者に見せてやりたい。

當時の日本海沿岸は寧ろ亞熱帶で、太平洋沿岸よりも遙かに溫かくあつた。國祖天照日神の御子天日豐本葦牙氣皇主天皇が天越根國を地球に奠められた。それが今の越中を中心とした北陸であつた。

此北陸に今も尙ほ神嚴犯すべからざる威容を示して居る立山連峰は、今よりも數百メートル高かつたから、富士山よりも僅かに低い峻嶺の連續であつた。そして其中で特に選ばれたのは立山である。

天越根國に神都を奠められたのは天照太日神の皇太子、即ち神代第八代天日豐本葦牙氣皇主天皇の御代であつて、第十代造化氣萬男天皇はトトノ山（立山）で崩御せられ、天御中主天皇も同山で昇天せられて居るが、此等は未だ何人も知らぬところで、唯伊邪那岐天皇の崩御せられた靈峰であることは衆知の事で、立派な神陵であるに係はらず文献が不十分であつたために、僅かに山麓に森の宮と稱する古祠が今尙ほ微かに存するばかりである。

併し立山が神代史上燦として神威を放ち居る所以は外ではない、其山麓に御皇城山と稱する小丘があつて、それが神代當時の高天原即ち神都であつたためである。皇居は幾十回となく遷されたが、天神人祖一神宮、即ち萬國棟梁皇祖皇太神宮は常に此御皇城山に定められてあつたから、高天原の項で已に述べた如く、即位式は必ず此太神宮で執行されたのである。

而して歴代天皇の御陵は大抵其崩御地に設けられたことは言ふまでもないが、分靈は必ず太神宮に合祀されることであるから、立山は萬代不問に附する能はざる靈峰であつた。

されば彦火火出見天皇は立山に夜光の玉を奉納せられ、鏡火釜鳴等の祭事は此時始めて行はれたものである。

山上に小祠あり岩石の磊落たる間に建ち、傍らに黄白の旗幟風の爲めに飜へるを見るべし、これ即ち雄山神社の奥の宮にして、祭神は伊弉諾尊なり、室堂より東南によれば淨土山に登る、沸曉頃に至れば濃霧中に五色の虹の如きものを望む、之を彌陀三尊の奉迎なりと崇信する者多し。（旅行案内一節）

斯る神域も僧侶の手に汚され、萬國民を象徴せる五彩の靈氣までも佛化されたるは殘念なるが、雄山とは伊邪那岐天皇に對しての敬稱にして、黄白の旗は、岐美兩神を象徴せるもの、即ち伊邪那岐天皇は黄人、伊邪那美皇后は白人に在せるがためと知るべし。

九十七、神武東征

神武天皇は人皇第一代に在されるが、亦葺不合第七十三代の天皇で、元始神より數へて神代第百五代の皇位を承けさせられたので、日本の國史は神武紀元で始まつたわけではない。

併しながら全地泥の海となる式の大地變が幾度となくあつた其中でも、文字通りに全滅の慘狀を呈したのは天照太神と葺不合第七十一代の御代にあつたもので、そのために天照太神は中興天皇と呼ばれ、神武天皇は新紀元を作られたのである。

神武天皇中州を定め橿原の宮に即かせたまふ先づ神代の神都たりし家基都に巡狩思召され四甲子年四月熱都山の家佐座の宮に御駐輦親しく神祇を祭らる。（富士古文書）

從來の歷史に由れば、日本史の第一頁は神武東征で始まつて居る。苟も天孫民族が天壤無窮の神勅を捧じて建てた國の第一頁が侵略とは何事であるか。而も今日まで何人も別に之を奇怪に思はなかつた。

若し建國者が東征とか西討とかいふて勝手に弱者を壓迫したとすれば其は建國ではない。正に侵略である。假令皇軍なごと稱したところで在來の土人は反軍ではない。然るに神武東征の四字は平氣で我國史の眞先きに掲げられてあるのは醜い。

但し、之を事實とすれば後世の抹殺を許さないが、神武東征は全然跡形もなきことで、古事記には皇兄五瀬命と共に高千穗を發し大和に向はれたことになつて居るが、之は葺不合七十二代を一代と思誤つた結果で、初代は日向で崩御せられたが、神武天皇の父君に當らせらるる葺不合第七十一代は越中で即位せられ、萬國巡幸を終るや大和の生駒山に都を奠められ。第七十二代に當る五瀬命は、此生駒宮で即位、在位三十五年同所で崩御せられ、神武天皇亦同所で即位せられて居るから、日向を出發されたといふことは後世史家の僞作と見るべきで、之は七十二代連綿の葺不合朝を一代と思ひ誤つたために、コンナ無理を書いたのであらう。

而して葺不合第七十一代天皇の御代に全日本泥の海と化し、越中の皇太神宮も津浪のために崩壞せられたので、五瀬命も神武天皇も生駒宮で即位せられたが、太神宮の再興が先決問題であるので、畝傍に分靈殿を造營せられ即位四年前に揭げた富士古文書の如く富士山に再興祈願を捧げられたのである。從つて東征などの必要は無いが、大震災の後とて不逞の徒が諸方に蜂起したのを秩序回復のため征討せられたことは勿論である。

であるから神政復興のために賊徒を平定されたのは當然の事であるが、日向から東征に向はれたことは侵畧になる。而も八紘を掩ふて詔勅を發せられた復興天皇に對して神武東征の記事は餘りに不祥であり又不逞ではあるまいか。

九十八、高天原再興

神武天皇の鴻業は日本の建國ではなくて高天原の再興であつた。故に神武紀元でさへ日本の眞紀元ではないのに、明治何年、大正何年、昭和何年といふ極めて短い年代を常用することは、之は當然の便宜ではあらうが、國史尊重の上からいふても、國威發揚の上からいふても、亦實際からいふても神武紀元ですら其用を爲さないのであるから、數十年で變更さるる年號を常用することは甚だしく不利でもあり亦不合理といはねばならぬ。

亡國民であつた猶太人すら世界紀元を嚴守して遂に自國を復興した。そして今年は五千六百九十一年になつて居るから如何に猶太國の紀元の遠大さが偲ばれる。然るに日本人は神武紀元を使用しても二千五百九十年であるから猶太紀元の半ばにも及ばない。況んや神武紀元の如きは極めて少數な國士にしか使用されず、一般は昭和五年と呼んで居る。これでは日本は世界の祖國なりといふ遠大な思想は當然破壞されるのである。更に中には西曆などを平氣で使用して居るものがある、何といふ淺ましい論落であらう。

併し神武以前の年代は幾千萬年になるか判然せぬが、葺不合朝だけでも二萬年以上あつたとすれば、日本の如き古き國は天下無二であるは勿論、今日公にされた最古の文献でも僅かに七千年前のものであるが、わが神代秘史は完全に數十萬年以前からのもので、之が愈々公表されると第一に日本の紀元を訂正せねばならぬ事になる。

而して神武以前は幾年と明かに計算が出來ぬから、今迄の建國紀元を再興紀元と改正すれば良いわけである。

同時に萬世一系の義からいふても昭和六年では面白くないから再興二千五百九十一

年と書くべきで、コウなると猶太紀元よりも古くなるのであるが、猶太紀元は實は世界紀元ではなくしてイスラエル紀元又は赤人紀元であつたのである。

高天原の再與は日本は愚か、萬國の事々物々を神代的に還元する事で、唯に立山の麓にある御皇山に宏壯な皇太神宮を造營するばかりでなく、テオクラシイ（天皇政治）が復活するのである。同時にデモクラシイが廢棄せられるのである。

秘史に曰く、三千年後御皇城山上の神都再與と共に世界は統一さるべし。

而も今日は約三千年に當るのであるから、高天原の再與は極めて近き將來に切迫して居るものと思はねばならぬ。そして我等は必ずしも三千年まで待つ必要はない。此神代秘史の發見は巳に再與第一の烽火であらねばならぬ。思ふに高天原の再與は十年以内であらう。

九十九、世界君臨

信仰眼のない人が見ても日本は不思議な國である。

默示錄第十二章は日本に關する豫言である。其中に千二百六十年間大政は野に下るとあるが、其通りに聖德太子の憲法發布から、明治元年まで丁度一千二百六十年である。

そして此王政復古といふのは天皇政治の復興に外ならないもので、即ち高天原の再建であつたのに、歐米心醉の輩が誤つて今日のデモクラシイを歡迎したために折角出來た王政復古は又もや大脫線をしたのである。

實例を以ていふと、素盞嗚尊がデモクラシイを發揮して天地の公道を無視せられたために、テオクラシイの權現である天照太神は天の岩屋に一時隱遁せられた古事を目前に髣髴させるのである。

濱口內閣は國產品尊重に努力して居るが、殘念ながら國家觀念から來たものではなく、唯經濟關係からの方便に過ぎぬ。若し眞に國體尊重の誠があるとせば、第一に其標榜する舶來政治の民政を廢棄して、國產政治の神政（天皇政治）に改むべきである。婦人參政を自己の手柄にせんと相競ふて居るやうな醜惡な現行政黨の存在は、高天原の再興に對する反逆である。

而も彼等はバタ臭い口で國際信義で候の、世界平和で候のといふが、デモクラシイで世界が統一が出來るなら太陽の必要は無いのである。煎じつむればデモクラシイは個人主義ではないか、大聖禹は何といふたか。堯舜の民は堯舜の心を以て心とし天下泰平なりき。然るに寡人君と爲るや百姓各其心を以て心とし罪人路に溢ると告白してるではないか。

要するにデモクラシイは放逸でテオクラシイは歸一であるから、世界統一といふ事は世界の大本に歸一する事であらねばならぬ。

而して世界が統一されつつあることは何人も認むるところであるが、今の所九分通りはデモクラシイに横領されて居る、換言すれば米化されたので、星の旗が至るところに用意されてる現狀ではあるが、こゝで考ふべきことは世界の大勢はドウであるかである。夜になるのか晝になるのかである。

若し魑魅魍魎の夜の世界になるのならば太陽系のものは默するの外はないが、反對に神政復古的の統一が實現さるる晝の世界になるのであれば我等太陽系のものは正に武裝せねばならぬ時である。

國際信義は太陽系の代表者の口にすべきもので、世界平和は高天原再興の時に始めて口にしうるものである。

百、神政復古

舊約聖書はイスラエル國の復興を約束したものであるが、新約聖書は之を世界的に說いて、萬國統一神政復古を約束して居る。

萬國が統一されることとは最早議論ではない。問題は誰が統一するかである。そこで其前提として國際聯盟といふものが出來た。が國際聯盟は到底世界の主權體ではないから、世界統一の野心ある國は之に加入しない。

とはいへ將に來るべき萬國統治は野心國の世界征服ではなくして、萬國萬民の掌中に在つて大權を唯一の天地神明に奉還することとである。之は王政復古の國史を有つて居る日本人には能く分る筈である。

であるから萬國が統一された曉には、强大な何國何王が之を統治するのではなく、神代當時に復古する事で、天下萬民は一神一祖より出で、五色人の祖先は悉く神代日本の皇族であり、日本は日の國、萬國は月の國として建てられたことが史上の事實であつて見れば、角突合の國際聯盟は何の用もなくなるので、歐米人の所謂テオクラシイ即ち神の國が實現さるるより外にない。そして此テオクラシイは日本語に譯すると天皇政治であるから、日本の天皇は世界の天皇となられるわけである。

天に二日なく地に二王なし。太陽は一國の獨占を許さない如く、天皇は亦一國一民族の獨占を許されない。であるから日の御子なる天皇は神代に於て常に萬國巡幸を行事の一とせられた。

といふて現代の日本が世界を統治するのではない。現代日本は日本國史を辱むる最も醜い化粧に浮身を窶して居る有様で、分り易くいふと放蕩息子であるから、之に家督を讓るわけには行かぬ。

併し時が來れば天の岩屋は開かれるであらう。そして一代一元の端的な年號でなく、萬世一系を高唱する眞紀元が萬國民に常用さるるやうに大勢は移り行くのである。

之は議論ではない、妥協でもない、實に世界に君臨する事實である。ハレイ彗星が地球を一掃したら世界はドウなるか。全地が泥の海になつたら萬民はドウなるか。

要するに人間の造つた文化はバベルの塔と同じく一掃されて、神の政治が天に行はるるが如く地上に行はるるのであるから、夜陰を利して不義の享樂を漁る半獸の人間でない限り、青天白日の太陽政治を誰が忌避する者があらう。

其第一歩として、少くも日本は世界のパラダイスであることを示さねばならぬ。そして觀光でなしに參拜の誠を以て萬國人が雲來するやうにすべきである。

即ち神代傳來の此大神庫を一日も早く世界に公開する事より外に日本及日本國民の先決問題は何處に在る乎。

昭和五年十二月十七日印刷納本
昭和五年十二月二十日初版發行

正價金壹圓貳拾錢
郵税不用

不許轉載復製

著作發行者　酒井勝軍
東京市外澁谷町猿樂三十二番地

印刷者　磯野力
東京市外澁谷町榮通一ノ二六

印刷所　國教宣明團印刷部
東京市外澁谷町榮通一ノ二六

發行所　國教宣明團
東京市外澁谷町猿樂三十二番地
振替口座東京七四四六九番

神代秘史百話

平成十三年七月二十三日　復刻版初刷発行
令和五年三月九日　復刻版第五刷発行

著者　酒井勝軍

発行所　八幡書店
東京都品川区平塚二－一－十六
KKビル五階
電話　〇三（三七八五）〇八八一
振替　〇〇一八〇－一－四七二七六三

ISBN978-4-89350-296-4 C0021 ¥2800E

封印された古代超文明の記録！

縮刷版

定本 竹内文献

武田崇元＝監修　大内義郷＝校訂・編纂

A5判　並製

定価 6,380 円（本体 5,800 円+税 10%）

天之浮船、ヒヒイロカネ、ピラミッドなど、謎の超古代文明を伝える驚愕の奇書「竹内文献」の全貌を公開。宇宙開闢から上古二十五代、ウガヤ七十三代、さらに南朝史料に至るまで、現存する唯一の写本を活字化。

本書は、竹内文献の原本としてもっとも信頼性の高い小島光枝伝来本を定本として、諸本を校合して忠実に活字化したものである。本文古書群の中心をなす神代皇統譜はもとより、別記古文書、神主竹内家系図資料、南朝関係文書、臣家古文書等これまで未公開の文書を加え、網羅収録した。当社より刊行された『竹内文献資料集成』（旧題『神代秘史資料集成』）天之巻の縮刷復刻版。

ピラミッドと十誡石の謎

モーゼの裏十誡　太古日本のピラミッド

酒井勝軍＝著

定価 4,180 円（本体 3,800 円+税 10%）

A5判　並製

独自のユダヤ＝日本経綸説を説いた酒井勝軍の著作を合本収録。モーゼの十誡石を磯原で発見するに至る経緯を述べた稀覯本『参千年間日本に秘蔵せられたるモーゼの裏十誡』、広島県庄原市郊外のいわゆる「葦嶽山ピラミッド」発見の顛末を述べた天下の奇書『太古日本のピラミッド』を併収。

天下の稀覯本　原装復刻

ピラミッドの正体

モルトン・エドガア＝著　酒井勝軍＝訳述

定価 4,180 円（本体 3,800 円+税 10%）

A5判　上製

あの奇書として名高い『太古日本のピラミッド』の一年後に出版された酒井勝軍訳述の稀覯本。酒井は、竹内文献に関する自著の相次ぐ発禁への配慮として本書を訳著としたにもかかわらず結局発禁処分となってしまい、ほとんど人の眼に触れる事無く 65 年が経過。今回の復刻が初めての一般的な公刊といえよう。

竹内文書・謎の異本テクスト

大日本神皇記

定価 8,580 円（本体 7,800 円+税 10%）

A5判　上製

木村錦州＝著

竹内文書に関する異伝をふくむ幻の重要資料。前半は竹内文書の神統譜を略述する体裁をとっているが、神皇第一代天日豊本葦牙気主身光天皇が即位したとき、天上より「はだま」が現在の越中国婦負郡神明村字久郷に降下し、これをクエビコが発見したという伝承や、上古二十三天之忍穂耳身光天皇が瓊瓊杵尊に授けた神代文字の神符（右図）の存在など、小島光枝写本を底本とする「定本竹内文献」はじめ他の写本にはない特異な伝承を多く含む点でなによりも注目される、また著者は大石凝・水谷清流の三大皇学を学んだ形跡があり、独特の言霊的神観による竹内文書の神々の位置づけを行うなど類書には見られない視点も注目される。